L'ESPRIT

DE LA

GUERRE NAVALE

OUVRAGES DU MÊME AUTEUR

Étude sur le Combat naval. Un volume in-8 de 165 pages. Paris, 1902 (Berger-Levrault et Cⁱᵉ, éditeurs).

Étude sur la Stratégie navale. Un volume in-8 de 423 pages. Paris, 1905 (Berger-Levrault et Cⁱᵉ, éditeurs). *Ouvrage couronné par l'Académie des sciences.*

Ces deux volumes, aujourd'hui épuisés, sont en voie de réimpression sous le titre général :

L'ESPRIT DE LA GUERRE NAVALE

I. **La Stratégie** (2ᵉ édition de l'*Étude sur la stratégie navale*. 1909. Un volume de 401 pages).

II. **La Tactique** (2ᵉ édition de l'*Étude sur le combat naval. — Le présent volume*).

Un troisième volume, **L'Organisation des forces**, est sous presse.

Les Enseignements de la Guerre russo-japonaise. La lutte pour l'empire de la mer. Paris, 1906. Un volume in-8 de 231 pages, accompagné de 27 croquis et de 3 cartes hors texte (Challamel, éditeur).

René Daveluy

CAPITAINE DE FRÉGATE

L'ESPRIT

DE LA

GUERRE NAVALE

II

LA TACTIQUE

Deuxième édition de l'*Étude sur le Combat naval*

BERGER-LEVRAULT & Cie, ÉDITEURS

PARIS
RUE DES BEAUX-ARTS, 5—7

NANCY
RUE DES GLACIS, 18

1909

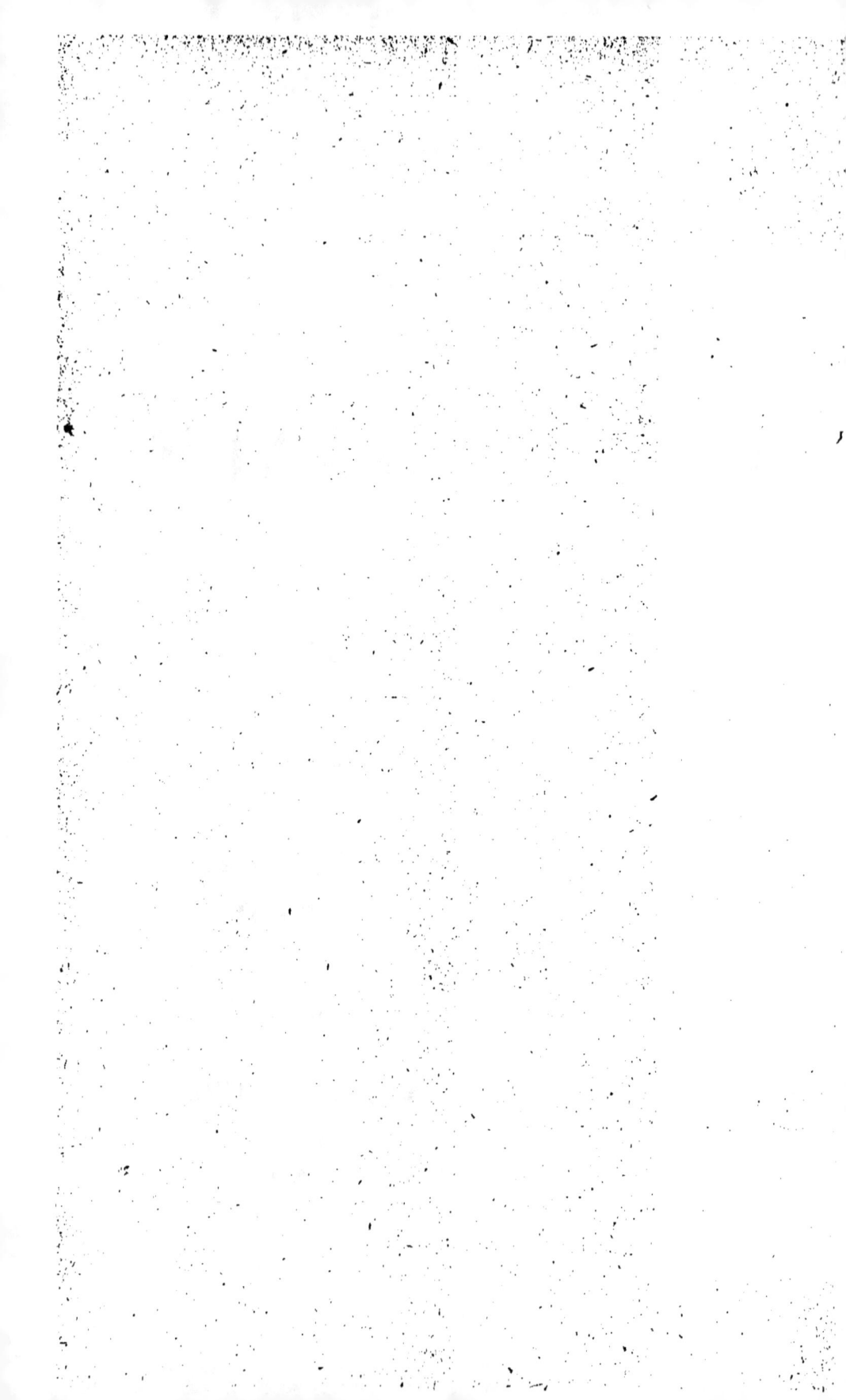

PRÉFACE

DE LA DEUXIÈME ÉDITION

———

Dès qu'un livre est terminé et a paru, l'auteur s'aper-
çoit qu'il a oublié d'appuyer sur certains points; qu'il
en a laissé d'autres dans l'ombre. Et il se désole.

Obéissant à ce sentiment, nous avons profité de cette
seconde édition pour donner plus de développement à
quelques chapitres. Nous avons également tiré parti de
la dernière guerre pour renforcer notre argumentation.
Mais rien n'a été changé au texte primitif : le conflit
russo-japonais ne pouvait pas modifier les lois de la
guerre.

———

TABLE DES MATIÈRES

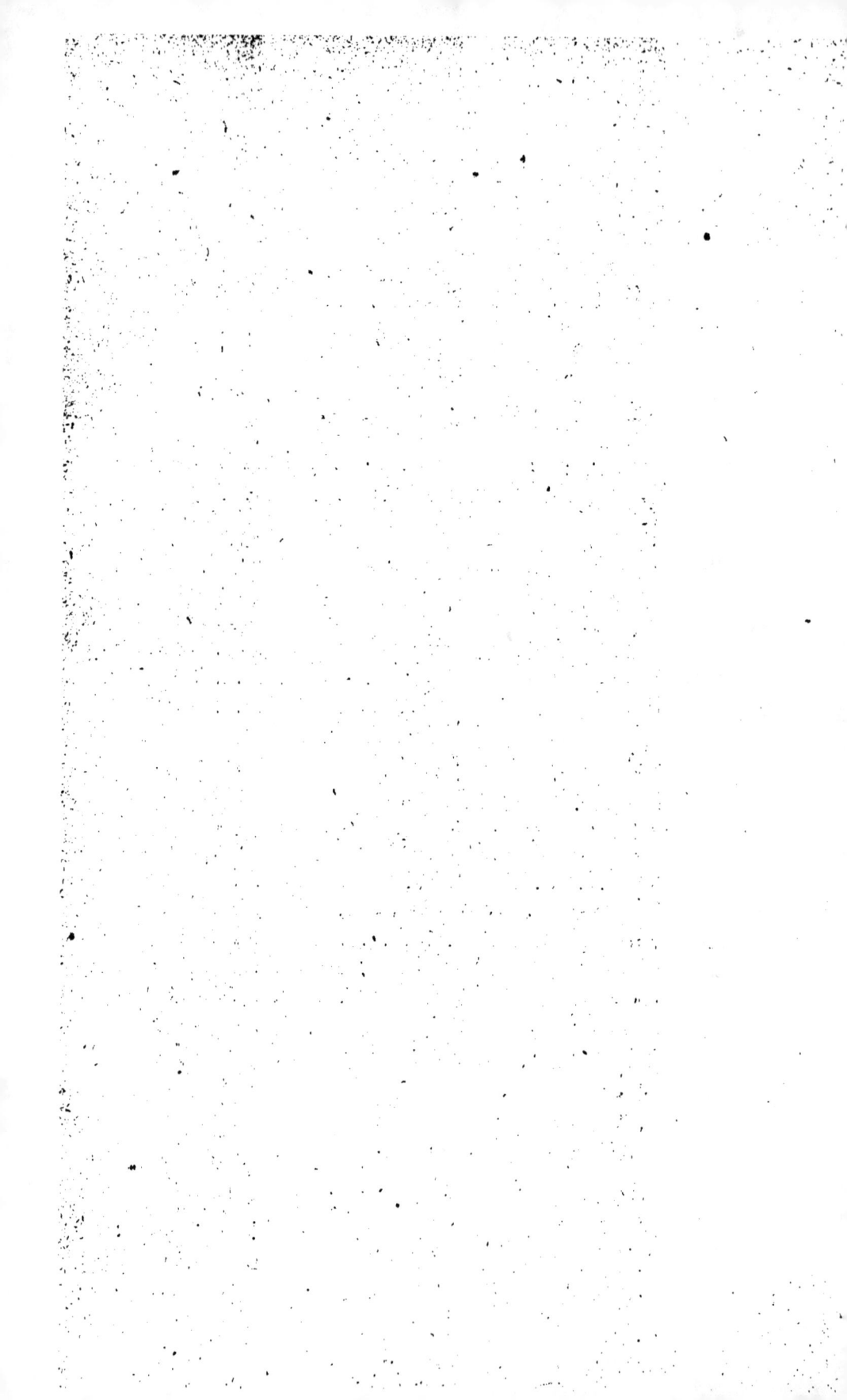

INTRODUCTION

Ceci n'est pas à proprement parler une tactique : c'est plutôt un ensemble de considérations sur le combat que j'ai essayé de dégager des faits. Le titre de cet ouvrage se trouve cependant justifié par le fait que la tactique est intimement liée au combat dont elle n'est que l'auxiliaire.

Cette liaison n'a pas toujours existé. Il y a eu une époque où l'on se battait sans autre règle que de se jeter dans la mêlée et de frapper à tour de bras. Ces temps sont passés : de bonne heure le besoin s'est fait sentir de coordonner les efforts, et de frapper juste sans cesser de frapper fort. Le moment ne paraît pas venu de revenir aux traditions héroïques du Moyen Age, et nous nous représentons difficilement les escadres cuirassées chargeant l'ennemi comme un troupeau de bisons.

Cependant beaucoup d'officiers contestent l'utilité d'une tactique, et leur opinion est en partie justifiée par le sens étroit qu'ils attribuent à ce mot. Pour eux, la tactique n'est qu'une formule ou une formation, et ils cherchent vainement l'une ou l'autre dans notre code de signaux, sur la foi de son titre officiel; l'efficacité des évolutions qu'il contient n'apparaît pas clairement, parce que nulle part n'est indiqué le but auquel elles conduisent.

On trouverait une indication plus précise dans les enseignements du passé qu'on néglige trop souvent de consulter. Malgré les modifications profondes qu'a subies le matériel naval dans le cours de ce siècle, les leçons des maîtres restent notre meilleur guide. Tout combat se compose en effet de deux parties distinctes : l'une morale, la conception; l'autre matérielle, l'exécution. Si on ne s'appuie que sur les faits, on s'aperçoit vite que leur variété jette le trouble dans l'esprit et conduit à la confusion; on ne saurait donc les codifier pour en faire la base d'une doctrine. D'ailleurs les bâtiments actuels ne sont pas asservis dans leurs mouvements comme les anciens vaisseaux, et ce serait faire fausse route que de chercher à imiter les manœuvres des flottes à voiles.

Mais les faits ont une autre portée : ils nous font connaître la pensée dirigeante qui les a fait naître et nous révèlent le pourquoi des choses. En les étudiant à ce point de vue, on constate que les objectifs poursuivis par les grands capitaines ont peu varié et qu'ils sont indépendants, dans une certaine mesure, du temps et des armes. Les manœuvres du champ de bataille ont eu pour but de mettre en action une idée, généralement très simple; elles se sont adaptées aux moyens dont on disposait et aux conditions spéciales à chaque rencontre. Les combats ont pu ainsi revêtir des aspects différents sans cesser d'avoir entre eux des liens communs.

On peut donc dire que la conception du combat reste fixe à travers les âges, et que l'exécution subit la double influence des temps et des circonstances locales.

Ces considérations nous indiquent la voie dans laquelle nous devons diriger cette étude.

LA TACTIQUE

I

HISTORIQUE

La tactique des flottes à voiles. — Ce fut à la bataille du Texel, en 1665, qu'on vit pour la première fois une flotte combattre en ordre. A cette bataille la flotte anglaise, commandée par le duc d'York, était rangée en ligne de file au plus près du vent. Cet ordre fut aussitôt adopté par les puissances maritimes, et il prit le nom de « ligne de bataille ».

On sait qu'il devait son origine à la préoccupation de dégager le champ de tir des vaisseaux, de les préserver des bordées d'enfilade, et de repousser les attaques des brûlots. La ligne de bataille était la formation initiale du combat ; dans le courant de l'action, on cherchait à en tirer le meilleur parti possible. Il se créa ainsi, dans chaque marine, un corps de doctrines dont les principes différaient peu parce qu'ils avaient un point de départ commun.

Pour apprécier à sa juste valeur la tactique du dix-septième siècle, il faut se reporter à l'époque où elle fut mise en vigueur. Tout concourait alors à rendre les flottes peu maniables : elles se composaient d'un grand nombre de bâtiments (1); les capitaines et les équipages étaient inexpérimentés; les signaux commençaient à peine. A l'exception des Chevaliers de Malte que l'Ordre prêtait au roi, la plupart des capitaines étaient étrangers aux choses de la mer. Quant aux équipages, on avait beaucoup de peine à les compléter avec des marins. Bien que le système des classes fût en vigueur depuis plusieurs années, il suffit d'entrer un peu dans le détail de l'histoire pour se rendre compte de la façon déplorable dont il fonctionnait, surtout sous l'administration de Seignelay. Les populations maritimes préféraient le commerce et la course au service du roi qui, depuis la mort de Colbert, avait cessé de les payer. Les marins fuyaient la conscription, et on embarquait les premiers venus pour les remplacer. On comprend qu'avec des moyens aussi imparfaits les amiraux ne pouvaient demander à leurs bâtiments des manœuvres difficiles; leurs prétentions devaient se borner à l'exécution de quelques mouvements simples. Le combat engagé, la direction échappait au commandement; la ligne, s'étendant sur une longueur de plusieurs kilomètres, se noyait dans la fumée.

Si imparfaite que nous paraisse aujourd'hui cette tactique, elle suffisait à son temps. Peut-être Tourville, qui fut l'inspirateur du *Traité des évolutions navales* de P. Hoste, a-t-il eu des visées plus larges; peut-être aussi sa pensée ne s'est-elle pas élevée plus haut, parce que l'homme subordonne instinctivement ses aspirations à ses moyens.

Peu à peu la marine se transforma. Sous le règne de Louis XV, l'Académie navale de marine, fondée à Brest, permit de donner aux officiers l'instruction technique qui

----

(1) Sous le règne de Louis XIV. les escadres comptaient de 70 à 100 voiles.

leur avait manqué jusqu'alors, tandis que la création d'escadres de manœuvres leur apprenait la pratique des évolutions. Dans le même temps, la multiplicité des théâtres d'opérations, conséquence du développement colonial, modifia profondément la composition des escadres qui comptèrent rarement plus de trente voiles.

Pour toutes ces raisons, le maniement des armées navales devint plus facile et eût permis d'entrevoir des horizons plus vastes. Après avoir subi le joug d'un instrument grossier, le moment semblait venu de ramener la tactique à un rôle plus logique en l'empêchant d'emprisonner les idées. Il n'en fut rien : le manque d'initiative et un passé glorieux conservèrent à la ligne de file le monopole dont elle jouissait. On finit par la considérer comme indispensable, tant il est vrai que l'habitude fausse le jugement et fait confondre petit à petit les moyens avec le but.

Deux circonstances, indépendantes l'une de l'autre, vinrent, à vingt ans d'intervalle, consacrer cet état de choses.

A la bataille de Toulon, le 22 février 1744, l'amiral anglais Matthews laissa porter sur la flotte alliée avant que sa ligne de bataille ne fût formée. A la suite de ce combat dont l'issue resta indécise, Matthews passa devant une cour martiale et fut cassé de son grade. Les considérants du jugement portaient qu'il s'était engagé sans avoir pris la ligne de bataille. Bien que la condamnation de Matthews fût due à d'autres causes qu'une erreur de tactique, l'impression n'en fut pas moins profonde sur l'esprit des officiers (1). Ce n'est que longtemps après que les amiraux anglais purent se considérer comme n'étant pas liés par un jugement; ils compri-

---

(1) A la bataille de Minorque (18 mai 1756) l'amiral Bing songeait à gagner au plus vite l'ennemi; mais, préoccupé du sort de l'amiral Matthews qui avait été condamné pour avoir rompu sa ligne, il n'osait en faire autant, et se résignait à régler sa marche sur celle de ses moins bons voiliers. « Vous voyez, disait-il à Gardiner, son capitaine de

rent alors qu'on ne leur tiendrait pas rigueur de leurs manœuvres à condition qu'ils fussent vainqueurs.

En France, l'ordre de bataille reçut force de loi : il fut imposé officiellement par l'ordonnance royale du 25 mars 1765 sur la marine. De plus, un article de l'ordonnance disait « qu'aucun capitaine ne pourrait, pendant le combat, quitter la ligne pour secourir un vaisseau incommodé à moins que le général ne lui en fasse le signal ». On comprendra les fâcheuses conséquences que pouvait entraîner une pareille prescription si on réfléchit qu'il était matériellement impossible à un chef d'escadre de savoir ce qui se passait aux extrémités de la ligne. Cet article donnait à l'ordre de bataille une rigidité qui le rendait impuissant.

En définitive, la tactique du dix-huitième siècle fut à peu près la même que celle du siècle précédent. La seule innovation importante qu'on y trouve est l'introduction du combat à contre-bords qui a donné lieu à tant de rencontres stériles.

Lorsque éclata la guerre de l'Indépendance américaine, les deux marines en présence disposaient de moyens tactiques à peu près identiques; mais l'esprit qui, dans chacune d'elles, animait les officiers était complètement différent. Les Anglais, enhardis par les succès de la guerre de Sept ans, recherchaient l'offensive; les Français, au contraire, encore impressionnés par leurs désastres, bornaient leurs désirs et mettaient toute leur habileté à déjouer les tentatives d'un ennemi entreprenant. Leur préoccupation constante fut de préserver le matériel, même lorsqu'ils étaient supérieurs en nombre. On ne saurait nier que nos amiraux

---

pavillon, le signal de former la ligne est en haut, et je ne puis, en ma qualité d'amiral, arriver comme si je n'avais qu'un seul vaisseau à combattre. Ce fut la faute de Matthews, qui devait arriver tout à la fois; je veux éviter pareille circonstance. » *La Marine française sous le règne de Louis XV*, par Henri RIVIÈRE.

n'aient réussi (1) dans une tâche ingrate qui a mis autour de leur front une auréole de tacticien ; mais on est en droit de regretter qu'ils n'aient pas employé leurs talents à attaquer au lieu de se défendre ; ils auraient ainsi imprimé à leurs opérations un caractère moins négatif. Seul, Suffren, dont le génie ne pouvait s'accommoder de règles étroites, poursuivit impitoyablement la destruction de l'ennemi, et pour y parvenir il tenta de sortir de l'ornière creusée par la routine ; mais, incompris de ses capitaines, il dut bientôt y retomber, se contentant d'apporter dans le combat une ardeur à laquelle nos adversaires n'étaient pas habitués.

Après dix années de paix, les deux marines se retrouvèrent en présence. Dans ce court intervalle de temps, les situations s'étaient profondément modifiées : d'un côté, un personnel avide de gloire, formé à l'école de guerre, endurci par de longues croisières ; de l'autre côté, un matériel en mauvais état, des équipages indisciplinés, des capitaines auxquels un brevet de civisme tenait lieu de savoir. L'issue de la lutte ne pouvait être douteuse : les batailles du 13 prairial et du cap Saint-Vincent jetèrent un dernier éclat sur la tactique traditionnelle.

C'est alors que parut Nelson.

Le génie militaire de Nelson fut le produit des circonstances. Déjà mûri par une longue expérience, ayant fait l'épreuve de ses forces à Saint-Vincent et à Aboukir, il reçoit de Jervis une escadre merveilleusement préparée. Les événements présentent alors une gravité exceptionnelle : Napoléon a déjà rayé de la carte de l'Europe plusieurs États, et il suffit d'une seule bataille perdue pour compromettre l'existence de l'Angleterre. C'est sous l'empire de cette situation que Nelson, rompant avec des procédés qui

---

(1) Sauf à la Dominique où de Grasse se présenta à l'ennemi avec une escadre en désordre.

avaient survécu aux nécessités qui les avaient fait naître, s'affranchit des entraves qu'apporte à ses desseins une tactique surannée; et, au lieu de chercher à utiliser pour le mieux l'outil que lui donne la tradition, il en forge un qui sera l'exécuteur de sa pensée.

On sait ce qu'il advint.

Les résultats foudroyants de la bataille de Trafalgar marquaient une ère nouvelle dans la tactique des flottes à voiles. Nelson, en effet, s'était mis en opposition formelle avec les principes immuables en dehors desquels il semblait ne pas y avoir de salut. A l'ordre de bataille classique, il substitue l'ordre en colonnes; il n'hésite pas à rompre ses rangs au mépris de toutes les règles; enfin, il attaque la ligne ennemie par la perpendiculaire, au lieu de s'en rapprocher *en dépendant*. Ainsi tout le vieil échafaudage de la tactique s'écroulait en un jour, ensevelissant notre marine sous ses débris.

D'où venait donc l'impuissance de la doctrine qui avait si longtemps régi les flottes de l'Europe? De ce qu'elle renfermait deux germes de faiblesse : son point de départ était faux, et elle reposait sur une fiction.

Son point de départ était faux; car, quand on se bat, on doit songer à attaquer avant de chercher à se défendre; et on ne doit se défendre que dans la mesure qui permet à la défensive de seconder l'offensive. Or la ligne de bataille est un ordre défensif; elle tire sa force du mutuel appui que les bâtiments se prêtent entre eux; la nécessité de ne pas quitter son poste pour ne pas affaiblir la ligne empêche chaque navire de s'engager librement. Lorsqu'on attendait l'attaque sous le vent, l'emploi de l'artillerie était subordonné à la volonté de l'ennemi qui devait venir se placer dans le champ de tir des pièces. Quant à l'escadre du vent, elle transportait sa ligne entière au-devant de l'ennemi; mais, tout en attaquant, elle comptait sur sa formation pour se défendre, en sorte qu'elle faisait de l'offensive avec un instrument défensif, ce qui enlevait à son action une partie de son efficacité.

La ligne de bataille n'était, il est vrai, qu'un moyen de commencer la lutte. Les incidents du combat finissaient toujours par rompre sa belle ordonnance, lorsque la rencontre ne se bornait pas à une canonnade à distance. Il devenait alors possible, pour celui qui avait pu conserver le mieux sa cohésion, d'opérer une concentration de forces; mais les lignes parallèles ne la favorisaient pas, elles se prêtaient si peu à des mouvements enveloppants que la plupart des manœuvres de ce genre ont été à peine esquissées. Là encore s'accuse le caractère nettement défensif de la ligne de bataille; car, si les concentrations avaient été l'objectif principal, la question se serait posée de savoir si la ligne constituait le moyen le plus efficace de les préparer.

Ces concentrations étaient d'ailleurs le privilège du parti le plus nombreux. Sa ligne débordait alors celle de l'adversaire, et il lui était possible de faire, suivant l'expression du temps, des *détachements* sur les extrémités de la ligne adverse. L'importance des concentrations était donc fonction de la différence numérique des forces en présence.

Trafalgar révéla le danger d'attendre le choc sous le vent en ligne déployée; cette bataille montra également que l'attaque au vent, dans la même formation, avait fait perdre jusqu'alors tout le bénéfice que donne l'offensive.

Ces déductions eussent pu être prévues. Ce qui les a empêchées de se faire jour, c'est que la *tactique reposait sur une fiction.*

Le temps avait fini par consacrer certains principes conventionnels (1); les diverses phases d'une rencontre étaient

---

(1) Parmi ceux-ci, il faut retenir l'habitude de réserver aux amiraux l'honneur de se mesurer ensemble. Les avantages et les inconvénients

déterminées à l'avance par une entente tacite dont les clauses furent fidèlement respectées pendant un siècle et demi. Le combat n'était plus alors qu'une sorte de duel dans lequel, d'un commun accord, on plaçait les adversaires dans une position donnée; puis la lutte s'engageait suivant les règles de l'art.

Ce qui prouve combien la tactique contrariait alors l'essor des volontés, c'est que, dans les combats singuliers où son influence ne se faisait pas sentir, nous avions presque toujours le dessus (au moment de la guerre d'Amérique), même contre des bâtiments plus puissants. La marine française avait alors un gros noyau d'excellents officiers et des équipages entraînés (bien que souvent insuffisants comme nombre); la tactique annulait ces éléments de succès.

Une telle méthode ne pouvait donner que des résultats restreints, et contre un adversaire imbu lui-même des mêmes préjugés. Des amiraux habiles purent en tirer parti, mais son impuissance éclata le jour où Nelson, revenant au véritable concept de la guerre, déchira le voile de la convention.

Si nous cherchons à analyser la façon de faire de Nelson, qui fut également celle de Suffren (1), nous constatons qu'elle n'avait pas un seul point de contact avec les vieux errements. Son objectif est bien défini : détruire l'ennemi. Toute autre considération s'efface devant celle-là. Pour atteindre ce but, le meilleur moyen est d'écraser les bâtiments sous des forces supérieures, de se battre deux contre un. Nelson massera donc ses forces sur une fraction de celles

des positions au vent et sous le vent n'avaient pas non plus l'importance qu'on se plaisait à leur attribuer avec un grand luxe d'arguments. Jamais Nelson ni Suffren ne se sont préoccupés de ce détail; toutes les positions leur paraissaient bonnes pourvu qu'ils pussent joindre l'ennemi.

(1) Suffren, moins heureux que son rival de gloire, n'eut pas à sa disposition l'instrument qui lui aurait permis de réaliser ses conceptions.

de son adversaire, et il dirigera ses coups sur le point le plus difficile à secourir : il attaquera l'arrière-garde. *Mais au lieu d'attendre*, ainsi qu'on l'avait fait jusqu'alors, *l'occasion d'effectuer une concentration partielle au cours du combat, il saura l'imposer dès le début avec toutes ses forces*. Ces considérations déterminent son ordre de combat, ou plutôt l'ordre dans lequel il conduira ses bâtiments sur le lieu du combat. Ce sera l'ordre en colonnes qui donne plus de souplesse à l'armée et diminue sa profondeur. Dès que les deux colonnes se sont suffisamment rapprochées pour que le rôle de chaque capitaine soit nettement indiqué, les rangs sont rompus et chacun chasse son poste. L'attaque par la perpendiculaire présentait le danger d'exposer les têtes de colonnes à des bordées d'enfilade auxquelles elles ne pouvaient pas répondre, mais elle offrait l'avantage de faire immédiatement deux brèches dans la ligne ennemie et d'y semer le désordre. Nelson n'hésite donc pas à l'adopter, et il pallie la hardiesse de sa manœuvre en prenant la tête de la première colonne, tandis que Collingwood dirigeait la seconde.

Ainsi, après avoir déterminé le but, Nelson règle ses moyens d'action de façon à tirer parti de tout ce qui peut lui servir, et il escompte à la fois l'inhabileté de nos pointeurs et l'expérience de ses capitaines.

Si nous nous sommes étendu longuement sur la manœuvre de Trafalgar, c'est qu'elle montre, mieux que tous les raisonnements, ce qu'avait de défectueux la tactique qui était alors en usage. Il semble qu'après une si dure épreuve, celle-ci dût être abandonnée ; cependant elle survécut à nos désastres et ne disparut qu'avec les flottes à voiles qui avaient si longtemps souffert de son joug étroit.

On la sauva en imputant tous nos malheurs à Villeneuve, et la destinée de ce malheureux amiral contient une leçon que nous devons méditer.

Les foules sont injustes. Dans le malheur, elles cherchent

toujours à accumuler le poids des fautes commises sur une individualité, et elles admettent plutôt la responsabilité des hommes que celle des temps. C'est ainsi qu'on a reproché à Villeneuve son incapacité et son ordre de bataille. Villeneuve n'était pas un incapable. Jurien de la Gravière le représente comme « l'officier le plus instruit, le tacticien le plus habile que possédât alors la marine française ». Il avait discerné avec une rare sagacité les projets de son adversaire (1), mais l'impuissance de ses moyens ne lui permettait pas de prendre un autre ordre que celui qui était imposé par les règlements (2).

Avant de juger Villeneuve, il faut se placer dans sa situation et se rappeler que les événements, heureux ou malheureux, sont moins le fait des hommes que de l'esprit qu'ils reflètent. Il y a peu d'officiers incapables; il peut y en avoir beaucoup dont le jugement est faussé par une orientation défectueuse. Chacun participe aux faiblesses de son temps; seuls, les hommes de génie savent s'en affranchir.

La tactique des vaisseaux mixtes. — Avec la vapeur parurent les vaisseaux mixtes qui différaient peu des bâtiments à voiles sous le rapport de l'armement.

La liberté d'allures, qui était la conséquence de l'emploi d'un moteur indépendant du vent, donna naissance aux évolutions rectangulaires; mais l'ordre de bataille ne fut pas modifié.

---

(1) « Il (Nelson) ne se bornera pas, disait-il à ses officiers, à se former sur une ligne de bataille parallèle à la nôtre et à venir nous livrer un combat d'artillerie..... Il cherchera à entourer notre arrière-garde, à nous traverser, à porter sur ceux de nos vaisseaux qu'il aura désunis des pelotons des siens pour les envelopper et les réduire. » (JURIEN DE LA GRAVIÈRE).

(2) « Je n'ai ni le moyen ni le temps, s'écriait Villeneuve dans son découragement, d'adopter une autre tactique, avec les commandants auxquels sont confiés les vaisseaux des deux marines. »

Les vaisseaux mixtes n'ayant pas subi l'épreuve du combat, il est difficile de savoir le parti qu'on aurait pu tirer sur le champ de bataille des nouvelles évolutions. Bornons-nous à dire que le maintien d'un ordre de combat unique limitait leur emploi, et qu'elles semblent avoir été conçues en vue de satisfaire surtout aux besoins de la navigation.

La tactique des béliers. — Lorsque la cuirasse et l'éperon firent leur apparition simultanée, le canon traversait une période d'effacement. Pris au dépourvu par les blindages, il était impuissant contre les béliers que la guerre de Sécession avait mis en vogue. L'éclipse du canon ne pouvait être que momentanée : la cuirasse est obligée de s'étendre, tandis que le canon concentre toute sa force sur un seul point. L'épaisseur de la cuirasse est donc limitée ; pratiquement, celle du canon ne l'est pas, et c'est cette différence qui caractérise d'une façon générale la défense passive et l'attaque. L'éperon n'en devint pas moins l'arme principale des navires, et il fallut créer une tactique appropriée à son emploi. C'est alors qu'on s'accorda pour préconiser la ligne de front et ses dérivés.

On se borna à appliquer aux béliers le raisonnement qui avait servi jadis aux vaisseaux à voiles, et l'ordre de bataille en découla tout naturellement : les béliers sont armés en pointe, ils présenteront donc l'avant à l'ennemi ; leur côté faible est le flanc, on les rangera donc dans l'ordre qui leur permettra de se protéger les uns des autres, c'est-à-dire côte à côte. D'où la ligne de front.

Bâtie avec les mêmes matériaux que la ligne de file dont elle prenait la place, la ligne de front présentait la même particularité : c'était un ordre défensif.

En emprisonnant chaque navire entre deux gardes du corps, on paralysait ses mouvements et on lui enlevait cette liberté d'allures si nécessaire pour jouer de l'éperon. L'attaque en pointe servait bien plus à se préserver des coups qu'à en porter; l'offensive eût consisté à forcer l'ennemi à présenter le travers, sans quoi le choc est remplacé par un frôlement improductif.

Qu'il soit nécessaire de présenter l'avant au moment du contact, il n'y a aucun doute à ce sujet; mais ce n'est pas une raison pour adopter une formation étendue, c'est même le meilleur moyen de se priver d'une partie de ses éperons si l'ennemi a un front plus dense. En effet, lorsque des navires sont astreints à naviguer au même cap et sur une même ligne, tout bâtiment qui attaque à contre-bord ne trouve en face de lui qu'un seul adversaire. On peut donc sans inconvénient diminuer la largeur de la ligne pour augmenter sa profondeur, ce qui conduit à attaquer en colonnes. De cette façon, on oppose successivement plusieurs éperons à un seul (1).

Enfin, si l'on rapproche les colonnes les unes des autres, on obtient le carré naval de l'amiral Bouet-Willaumez, qui est essentiellement favorable aux changements de front et

---

(1) *Avec les armes à courte portée*, une ligne ne bat jamais qu'un espace limité devant elle. Si on veut l'attaquer *de front* avec une autre ligne, on pourra lui opposer des forces égales, jamais supérieures, qu'il s'agisse de soldats armés de fusils, de bâtiments armés de canons ou de cuirassés à éperon. Pour se ménager une supériorité, il faut délaisser une partie de la ligne ennemie et employer les forces disponibles à renforcer les autres, de manière à leur fournir un soutien dont les éléments prennent la place de ceux qui faiblissent. C'est le dispositif en profondeur opposé au dispositif en largeur. Le second est celui qu'on prend d'instinct, parce que, dit von der Goltz, on est poussé d'une façon irrésistible à l'extension des fronts; le premier appartient aux grands capitaines. La manœuvre de Nelson à Trafalgar est un dispositif en profondeur.

Les armes à longue portée qui atteignent les réserves avant qu'elles entrent en action modifient leurs dispositions sans en attaquer le principe.

Sur mer, avec l'artillerie actuelle, le dispositif en profondeur ne peut plus être utilisé. Il faut chercher à obtenir sous une autre forme les avantages qu'il présentait.

peut se transporter devant la ligne ennemie pour la percer
à l'endroit le plus convenable.

Le carré naval ne représente pas seulement une accumulation d'éperons dans un espace restreint; il exerce par lui-
même une pression morale sur l'ennemi. Le point de la ligne
qui est menacé par des forces supérieures tend à se sous-
traire à un choc désastreux et à se rompre. Les bâtiments
qui vont supporter seuls le poids de l'attaque cherchent à
s'abriter derrière les autres; dans ce mouvement ils se décou-
vrent et présentent le flanc. Cet ordre constitue donc une
formation de combat offensive, et s'il ne devait y en avoir
qu'une, elle serait bien plus séduisante que la ligne de front
qui semblait s'imposer. Il est à remarquer que le carré naval
ne parut pas dans la tactique officielle. L'amiral Bouet-Willaumez pensait sans doute qu'il est dangereux de dévoiler
ses projets à l'avance. Il s'était contenté de l'introduire
dans son mémorandum de combat.

Les évolutions obliques formèrent le complément de la
tactique d'abordage. Leur origine tient encore au principe
qu'on doit présenter l'avant à l'ennemi. C'est évident; il ne
l'est pas moins que l'éperon est une arme de contact dont
l'orientation importe peu à distance. Si, pour s'astreindre à
faire face en avant, on augmente la durée des manœuvres,
on s'expose à tomber dans les rangs ennemis en pleine formation. C'est ce qui serait fatalement arrivé avec les évolutions obliques qui présentaient le double inconvénient de
faire gagner du terrain en avant et d'exiger un temps très
long. Une des conditions indispensables que doit remplir
une formation de combat est d'être terminée au moment
où on en a besoin. Les évolutions obliques donnaient peu
de chances de réaliser cette condition et elles étaient plus
théoriques que pratiques.

En résumé, la tactique des béliers, bien que très différente dans la forme de la tactique des vaisseaux à voiles,

était la même quant au fond. Elle dérivait des mêmes principes conventionnels; elle reposait sur un ordre de bataille défectueux.

Quelle sera la tactique moderne ? — L'introduction des torpilles dans l'armement des navires de combat jeta bientôt du discrédit sur l'éperon. Des accidents de navigation prouvèrent d'ailleurs que cette arme n'était pas sans offrir de danger pour celui qui en use.

En disparaissant, la tactique d'abordage nous fit un héritage : elle nous légua les évolutions obliques. Mais celles-ci ne constituent pas une doctrine.

Quelle sera donc la tactique des luttes futures?

II

BUT DU COMBAT

———

Pour déterminer la façon dont on doit se battre, il importe de préciser d'abord le but que l'on poursuit en se battant.

Ce but est l'anéantissement de l'ennemi.

Il n'est pas inutile, ainsi qu'on serait tenté de le croire, de nous pénétrer de ce principe qui doit guider tous les actes de notre vie professionnelle. Il a été longtemps méconnu dans la marine française; il l'est encore malgré les précautions que l'on prend pour cacher sous des théories spécieuses le vrai sens des mots.

On sait qu'il y eut une époque où les armées prétendaient faire la guerre sans se battre : on ne recherchait pas le combat, on le subissait à regret. Cette période coïncidait avec la guerre de l'Indépendance américaine, et les idées fausses qui avaient cours alors eurent leur contre-coup dans la marine. Celle-ci était d'autant plus disposée à les accepter qu'après les épreuves du règne néfaste de Louis XV elle appréhendait de se mesurer avec un adversaire toujours vainqueur.

Puisqu'on ne reconnaissait pas la nécessité de se débarrasser de l'ennemi, de le supprimer, la préoccupation dominante était de se tirer d'une rencontre avec le moindre dommage. On ne s'engageait qu'à moitié; on se battait hors de la portée efficace des canons, puis on se quittait sans s'être fait de mal. A part la bataille de la Dominique, il n'y a pas un seul des combats de la guerre d'Amérique où un bâtiment ait amené son pavillon (1). On cherchait avant tout à ménager le matériel; on y parvint, mais la France laissa échapper l'occasion d'une revanche éclatante.

Les batailles indécises sont stériles. Les historiens nous en fournissent la preuve lorsqu'ils entrent dans de longues dissertations pour déterminer quel fut le vainqueur; ils négligent cette démonstration quand ils parlent d'Aboukir ou de Trafalgar.

Il serait inexact de prétendre que tous les combats qui ne furent pas des désastres pour le vaincu ne produisirent aucun résultat; mais on peut soutenir que les victoires morales, qui laissent l'adversaire intact, n'ont que des conséquences peu importantes et peu durables. Par le fait qu'on laisse à l'ennemi la faculté de reparaître sur le champ de bataille, on lui donne la possibilité de reconquérir ce qu'il a perdu, et on conserve soi-même le souci de l'en empêcher. En lisant l'histoire, on s'aperçoit que les bénéfices des victoires eussent été décuplés si, chaque fois que les circonstances ont permis d'affronter la lutte avec chances de succès, on l'avait poussée jusqu'à l'extrême limite des forces humaines.

En voici deux exemples :

Au mois de décembre 1778, le comte d'Estaing se contenta, malgré les observations de Suffren, d'échanger quelques boulets avec la division du contre-amiral Barrington, mouillée à Sainte-Lucie dans l'anse du Cul-de-sac. La disproportion des forces était énorme : les Anglais n'avaient que sept vaisseaux, nous en avions dix-neuf. Quelques jours après, Byron faisait sa jonction avec Barrington. Si d'Es-

---

(1) Nous parlons des combats d'escadre et non des combats singuliers.

taing s'était engagé à fond, il eût détruit la division anglaise et serait resté maître de la mer des Antilles pendant un an (Voir à ce sujet la lettre de Suffren à d'Estaing).

Au mois de février 1781, Suffren attaqua avec douze vaisseaux l'escadre anglaise qui n'en comptait que neuf. Abandonné par ses capitaines, il ne put la détruire comme il l'espérait. Il en résulta que la supériorité numérique des Français dans l'Inde ne se maintint pas, et qu'à son dernier combat devant Goudelour, en juin 1783, Suffren ne put opposer que quinze vaisseaux aux dix-huit de l'amiral Hugues. Il n'en fut pas moins vainqueur, mais que de labeurs eussent été évités si, deux ans auparavant, les Anglais avaient essuyé un désastre !

Nous avons choisi ces deux exemples entre beaucoup d'autres parce que la disproportion des forces rendait la victoire plus facile.

L'anéantissement de l'ennemi est une des lois générales de la guerre; elle découle de son essence même, de sa définition. C'est une nécessité qui s'impose avec plus de force encore sur mer que sur terre. A terre, le terrain joue un rôle, sa possession influe directement sur les opérations. On se bat pour déloger l'ennemi, et il peut arriver que le vainqueur soit plus éprouvé que le vaincu parce qu'il est forcé de s'exposer plus. Sur mer, les conditions sont différentes : le champ de bataille est un terrain banal qui n'a pas de valeur; l'Océan est si vaste qu'on ne peut songer à en prendre possession, on n'en reste maître qu'en supprimant celui qui l'occupe.

Il devrait être superflu de démontrer l'obligation d'anéantir l'ennemi, alors qu'un siècle de guerres a montré les conséquences des batailles poussées à fond. Cependant, la théorie du combat mitigé a survécu dans la marine française. On ne va pas jusqu'à prétendre qu'il faille éviter de faire du mal à l'ennemi; mais, ce qui revient au même, on dit couramment que, dans une guerre où nous aurions l'infériorité du nombre, on doit ménager le matériel et **rester sur la défensive**.

Ménager le matériel, rester sur la défensive ! Que signifient ces deux expressions? Il n'est pas indifférent de s'entendre à ce sujet pour ne pas bâtir tout un système de combat sur des formules creuses.

Les partisans de la protection du matériel sont hantés par l'insuffisance numérique de notre marine. Ils pensent que, même vainqueurs, nous subirons des pertes que nous ne pourrons pas remplacer et qu'il deviendra impossible de continuer la lutte, faute de bâtiments pour l'alimenter.

Cette assertion n'est pas confirmée par les faits.

Dans un combat, les pertes ne commencent qu'à partir du moment où l'un des partis faiblit. Tant que la victoire reste en suspens, il est toujours difficile d'entamer un adversaire qui se défend avec vigueur parce qu'il se protège avec son feu. Mais dès que la balance penche dans un sens, le moral du vaincu s'affecte, il ne résiste plus qu'avec mollesse et s'abandonne bientôt sans défense aux coups du vainqueur qui redouble d'efforts. C'est alors que les événements se précipitent et que se font les avaries majeures (1). Ainsi s'explique qu'on ait pu gagner des batailles à peu de frais, même avec l'infériorité du nombre.

La véritable protection du matériel, c'est la victoire.

Si on perd ce fait de vue, on cherche une compensation dans la défensive.

Constitue-t-elle un moyen efficace de protéger le matériel? Quels avantages procure-t-elle?

---

(1) La préoccupation de remettre un bâtiment en état après un combat où il n'aura pas subi d'avaries majeures serait moins grande si notre armement, moins varié et d'un fonctionnement plus simple, était interchangeable. Le matériel doit se plier aux nécessités de la guerre, et non aux fantaisies des amateurs de nouveautés.

Et d'abord, qu'est-ce que la défensive en matière de tactique?

Sur terre, nous la concevons aisément. On comprend qu'une armée ait intérêt, pour compenser son infériorité, à se placer dans une position choisie à l'avance d'où l'ennemi, arrêté par des obstacles naturels, ne pourra la déloger sans se découvrir. Mais sur mer, sur la plaine unie des flots, il n'y a d'autre protection que l'obstacle artificiel créé par la cuirasse. Or le bâtiment de combat n'est qu'un compromis; pour développer la protection, il faudra couler l'acier des canons pour en faire un blindage. L'ennemi bénéficie donc de tous les obus dont on consent le sacrifice de parti pris; en sorte qu'on ne ménage son matériel qu'en ménageant celui de l'ennemi dans une proportion équivalente. Est-ce ce que l'on demande à la défensive? Nous ne le pensons pas. Nous croyons plutôt qu'on se sert souvent de ce mot (qui exprime une idée et non un fait) par habitude, sans trop savoir ce qu'il signifie. Car la défensive existe, mais dans un sens tout différent de celui qu'on se plaît à lui accorder sans définir les avantages qu'elle donne : lorsqu'une escadre se trouvera par rapport à l'ennemi en mauvaise posture, elle devra renoncer à toute entreprise avant de s'être dégagée; *elle sera sur la défensive* (1). C'est là une position qu'on subit, mais qu'on ne recherche pas; elle implique toujours une situation critique (2).

_____

(1) C'est dans ce sens que nous entendrons la défensive quand nous aurons occasion d'en parler.

(2) Cependant, dans les flottes à voiles, la défensive existait sous une forme avantageuse, mais pendant un temps très court. L'escadre qui recevait l'attaque sous le vent prenait une position défensive en ce sens que l'ennemi était obligé, pour s'approcher à portée de canon, d'essuyer des bordées d'enfilade auxquelles il ne pouvait pas répondre. La défensive résultait du fait, qu'on *forçait* l'ennemi à se découvrir et à passer par un moment critique pendant lequel on avait la supériorité. Le capitaine Mahan prétend que les Français avaient l'habitude,

La défensive est un mot trompeur derrière lequel on s'abrite pour résoudre un problème qui semble inextricable : celui de l'infériorité du nombre. Mais il faut en prendre notre parti et regarder les choses en face ; ce n'est pas en se cachant la tête pour ne pas voir, comme font les autruches, que nous suppléerons au nombre ; comptons plutôt sur la valeur que nous saurons donner à notre personnel (1).

---

après avoir subi le premier choc, de laisser porter de nouveau et de se reformer sous le vent, afin d'amener plusieurs fois l'assaillant à recommencer une manœuvre dangereuse. Malgré toute notre admiration pour l'illustre auteur américain, nous croyons que cette assertion n'est pas justifiée. Cette manière de procéder ne ressort ni des rapports des chefs d'escadre, ni des récits des historiens français ; il ne semble pas en tout cas qu'elle ait été érigée en système. D'autre part, elle n'aurait procuré que des déboires, car l'escadre sous le vent aurait été obligée, pour laisser porter, de s'exposer elle-même à des bordées d'enfilade par l'arrière. La ligne sous le vent était d'ailleurs toujours enveloppée dans la fumée, et il eût été impossible de lui faire exécuter des mouvements qui n'ont de valeur qu'autant qu'ils sont faits avec ensemble. Nous croyons qu'il n'y a que M. Lullier, ex-officier de marine, qui ait soutenu cette thèse. On aurait mauvaise grâce à récuser le témoignage de M. Lullier sous prétexte qu'il a été déporté en Nouvelle-Calédonie. Son essai sur la tactique est au contraire très étudié ; il fourmille d'aperçus originaux ; mais l'auteur était doué d'une imagination vagabonde qui comblait les lacunes que contient forcément tout récit de bataille, quand on veut y trouver des arguments pour soutenir une opinion personnelle.

(1) Ce n'est pas d'aujourd'hui qu'on cherche à suppléer aux vertus militaires par des mots. En 1794, Jean-Bon Saint-André disait à la tribune de la Convention que « nos marins dédaignant par esprit de réflexion et de calcul des évolutions savantes, jugeraient probablement plus convenable et plus utile de tenter ces combats à l'abordage où le Français fut toujours vainqueur et d'étonner ainsi l'Europe par des prodiges d'intrépidité ». Jean-Bon Saint-André connaissait fort bien l'état précaire de notre marine, mais ce qu'il ignorait sans doute, c'est qu'il est beaucoup plus difficile de manœuvrer pour aborder que de tenir son poste dans une ligne. Après le combat du 13 prairial, il avait renoncé à son système ; mais comme la ligne avait été fort mal tenue par des capitaines incapables, il crut qu'il remédierait de nou-

Il n'y a pas deux façons de se battre, il n'y en a qu'une :
il faut chercher à détruire l'ennemi. Voilà le but ; la tactique
est le moyen.

---

veau à tout par des phrases. Il fit décréter « qu'aucun capitaine ne
souffrira que la ligne soit coupée. Si l'ennemi manœuvrait pour la
couper devant ou derrière lui, il manœuvrerait pour l'empêcher, et
il se laisserait plutôt aborder que de le souffrir. Le capitaine d'un vaisseau au poste duquel la ligne sera coupée sera puni de mort ».

Un bon capitaine vaut mieux qu'un mauvais décret.

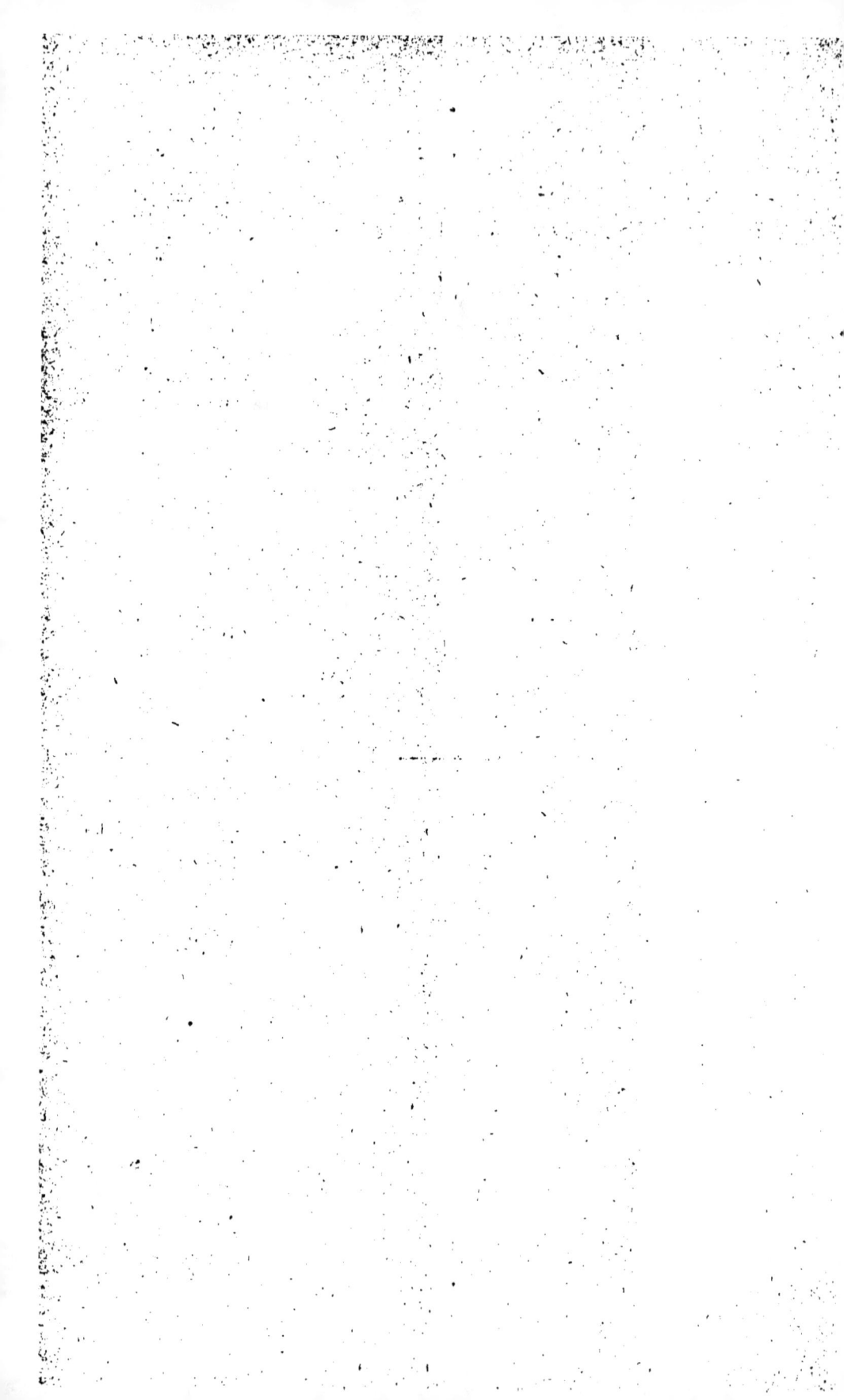

III

L'ARMEMENT

La guerre est une œuvre de destruction. On peut le déplorer, il en est ainsi. Il en résulte que ce sont les armes qui finissent toujours par avoir le dernier mot. Après avoir défini le but du combat, nous allons donc rechercher quel concours on est en droit d'attendre de l'armement en général et de chaque arme en particulier.

L'armement. — La perfection de l'armement est un des plus importants facteurs du succès. Contre un adversaire qui, par routine, aurait négligé de se tenir à hauteur des derniers perfectionnements, une supériorité d'armement équivaut à une supériorité numérique.

Généralement, un matériel démodé correspond à un niveau peu élevé de la valeur morale du personnel ; il n'y a que les nations militaires, soucieuses de tenir leur rang, qui suivent de près le progrès.

Aujourd'hui où l'Europe est le fournisseur général de toutes les autres contrées, en ce qui concerne les armes de guerre, les puissances de second ordre et les nations peu civilisées possèdent souvent un armement aussi parfait que le nôtre ; il est même quelquefois supérieur, parce que les marines naissantes n'adoptent le matériel nouveau qu'avec ses derniers perfectionnements, tandis que les vieilles marines sont encombrées par le matériel ancien dont elles ne peuvent se débarrasser sans s'affaiblir. L'avantage n'en reste pas moins à ces dernières; car il ne suffit pas d'avoir de bonnes armes, il faut savoir s'en servir. Or, il n'y a guère que quatre ou cinq pays qui soient assez riches pour tenir des escadres constamment armées et pour s'imposer les sacrifices nécessaires à l'instruction du personnel. De plus, les armes modernes entraînent avec elles une telle complication dans les organes, qu'il faut disposer d'un outillage spécial et d'une main-d'œuvre exercée pour en assurer le fonctionnement. Sans cela, tous ces mécanismes délicats finissent par se fausser et se dérégler peu à peu (1).

Entre les principales nations maritimes, la puissance de l'armement est généralement équivalente. Dans une période de transformation comme celle que nous traversons, il peut toujours arriver un moment où un pays a de l'avance sur les autres; cette avance dure peu, et il est rare qu'elle soit si importante que l'armement devienne l'arbitre des batailles (2). Il est donc prudent de ne pas s'endormir dans une fausse sécurité lorsqu'on est fortement outillé.

---

(1) La fragilité et la complication de l'armement tiennent moins à la puissance des armes qu'à un défaut de principe qui est la conséquence d'une longue paix maritime. En rendant la manœuvre des canons tributaire d'un long tuyautage d'eau sous pression, en approvisionnant l'artillerie légère avec des treuils électriques qui sont des chefs-d'œuvre d'ingéniosité, on ne s'est pas demandé si les arrêts de fonctionnement qui se produisent journellement ne se produiront pas pendant le combat. Rien ne prouve qu'on n'aurait pas obtenu le même rendement avec des moyens plus rudimentaires et plus robustes, si on avait fait de la simplicité une condition indispensable de tout organisme militaire. Ce qui tendrait à démontrer le contraire, c'est que, chaque fois que l'excès du mal a amené une réaction partielle, la solution n'a pas été longue à trouver. Il est curieux, par exemple, qu'on soit revenu au chargement à bras pour obtenir une plus grande rapidité de tir, et que le remplacement du tiroir de commande d'une presse par un simple volant ait augmenté la précision du pointage.

(2) On a écrit que Sadowa fut le triomphe du fusil à aiguille. Il serait plus juste de dire que la victoire fut due à la valeur des troupes

S'il n'existe pas de différence très sensible entre les armes des nations maritimes, il n'en est pas de même de la façon de les employer qui porte l'empreinte du caractère de chaque peuple.

Notre génie national nous pousse à rechercher des moyens nouveaux plutôt qu'à perfectionner ceux que nous avons. A toutes les époques il en a été ainsi, et cette tendance naturelle de notre race se fait plus violemment sentir chaque fois que nous traversons une période critique, soit au point de vue de l'organisation, soit au point de vue du nombre. Nous cherchons alors un expédient qui, d'un seul coup, rétablisse l'équilibre en notre faveur.

Les Anglais, au contraire, font des progrès plus lents, mais plus méthodiques. Ils n'ont pas cette envolée de l'esprit qui procède par bonds et recherche toujours la solution élégante. Ils améliorent avec lenteur ce qu'ils ont, mais ils tiennent compte, dans une plus large mesure que nous, des conditions de la guerre.

Notre activité intellectuelle constitue une force à condition que nous sachions la canaliser pour lui donner une bonne direction.

La guerre a des exigences auxquelles toutes les armes ne sont pas aptes à se soumettre au même degré; leur maniement ne se prête pas toujours aux nécessités du champ de bataille.

C'est un point de vue qu'il faut considérer et qu'on avait négligé lorsque, sous la première République, on introduisit sur les vaisseaux l'usage des boulets rouges. On avait cru se donner ainsi une supériorité écrasante; il fallut renoncer

---

prussiennes, et que la faible supériorité de leur armement n'était que la conséquence d'une meilleure préparation à la guerre. En 1870, nous avions un fusil supérieur à celui des Allemands; nous n'en avons pas moins été battus.

vite à un système qui entretenait à bord un perpétuel foyer d'incendie et n'était dangereux que pour nous.

De nos jours, on est tombé, avec les torpilleurs, dans un excès d'un genre différent, mais ayant la même origine. On fut grisé quand on vit de petits bâtiments, coûtant à peine quelques centaines de mille francs, porter dans leurs flancs la puissance suffisante pour couler un cuirassé de 30 millions. Un certain nombre d'officiers réclamèrent aussitôt la suppression de ces derniers; cependant, au début, les torpilleurs ne pouvaient attaquer que dans une zone restreinte et par mer plate. Ces conditions, qui laissaient une large marge aux entreprises des gros vaisseaux, étaient de nature à limiter l'action des torpilleurs à des cas particuliers, et ne permettaient pas d'en généraliser l'emploi. Depuis lors, on est revenu d'un engouement irréfléchi; il n'en est pas moins vrai que ces exagérations ont eu un contre-coup fâcheux sur nos constructions; et il ne manque pas encore actuellement de gens qui s'imaginent que le torpilleur, oiseau de nuit, mettra nos côtes à l'abri d'une opération de jour, telle qu'un bombardement (1).

Il nous serait facile de relever des erreurs du même genre à propos des sous-marins.

Il est indispensable d'envisager les armes sous deux aspects différents qui mettent en relief leurs avantages et leurs inconvénients. On détermine ainsi le *pour* et le *contre*. Le *pour* comprend la valeur du pouvoir destructif et le rendement; le *contre* est représenté par les difficultés d'exécution et de fonctionnement (2). En appliquant ces éléments

---

(1) Le mouvement, c'est-à-dire la faculté de se mouvoir à de grandes distances et par tous les temps, est un des facteurs de la guerre. Les torpilleurs ne possèdent cette qualité que dans une limite étroite et par temps spécial.

(2) Le public, lui, ne voit que le bon côté des choses. C'est ce qui explique qu'il ne comprenne pas la résistance que lui opposent des gens du métier.

d'appréciation aux diverses armes qui sont en service ou
ont été essayées, on constate qu'il n'y a pas de bénéfice qui
ne comporte un contrepoids, et que les armes sont d'autant
plus difficiles à manier qu'elles sont plus puissantes. Ainsi,
les canons monstres de 100 tonnes sont des engins terribles :
un seul de leurs obus, atteignant normalement un navire
à la flottaison, peut le faire couler; mais la grosseur même
des pièces diminue leur efficacité parce qu'elle entraîne une
grande lenteur de tir sans augmenter les chances très faibles
qu'a un projectile d'atteindre un point précis. De même,
le torpilleur tire sa force de sa vitesse et de son invisibilité;
mais ces deux qualités rendent difficile l'emploi de son seul
moyen d'action, la torpille : le commandant de torpilleur
qui fonce la nuit sur une masse informe apprécie mal la
distance, ignore la vitesse et souvent même le sens de la
marche du but qu'il se propose d'atteindre. Si on ajoute à
tout cela les caprices de la torpille, on se rend compte qu'il
faudra un ensemble de circonstances heureuses pour qu'une
torpille, lancée dans ces conditions, aille au but.

Avec les données de l'expérience, on fixera le parti qu'on
peut tirer de chaque instrument de combat; on donnera
alors à chacun un développement en rapport avec les services qu'il peut rendre, et on le placera dans les conditions
qui permettent de faire ressortir ses avantages (1).

Pourquoi le canon, ce vieil outil préhistorique, se main-
tient-il malgré les assauts que lui livrent des engins plus
puissants? Parce qu'il s'adapte admirablement aux néces-

---

(1) Si toutes les inventions nouvelles répondaient à un objectif
déterminé, on éprouverait peu de déceptions; mais il n'en est pas
ainsi : de nombreux inventeurs cherchent à nous écouler les produits
de leur imagination sans se soucier de l'emploi qu'on en peut faire;
c'est à nous à en tirer parti comme nous pourrons. Nous parlons ici
non seulement des armes mais de tous les mécanismes qui gravitent
autour d'elles.

sités de la guerre. La raison opposée a amené la disparition des brûlots qui avaient une certaine analogie avec nos premiers torpilleurs : à cause de leur faible tonnage, ils devinrent une gêne de plus en plus grande pour les flottes, à mesure que celles-ci augmentaient de mobilité et de rayon d'action. D'un autre côté, ils n'étaient réellement efficaces que contre des bâtiments au mouillage, et il fallait, en plus, que la brise favorisât leur attaque. Les conditions qui permettaient d'amener les brûlots sur le théâtre d'opérations, et de leur fournir des circonstances favorables, se présentaient si rarement qu'on les abandonna peu à peu.

Cependant ils ne disparurent jamais complètement. Au lieu d'être, comme au dix-septième siècle, une arme permanente, ils ne paraissent plus que dans certaines opérations particulières qui leur offrent des chances spéciales de succès (1). On peut même se demander si ce n'est pas l'abandon des brûlots qui leur permit de faire de loin en loin leur réapparition, car leur absence dans la composition ordinaire des escadres fit négliger les précautions, d'ailleurs très simples, qui paralysaient leur action, et donna l'idée de ressusciter une arme dont le souvenir était presque effacé.

En effet, lorsqu'un engin destructif a fait ses preuves, on se précautionne contre les dangers qu'il présente et on parvient souvent, sinon à le rendre impuissant, du moins à lui enlever l'occasion de nuire. L'arme se déprécie alors peu à peu, puis tend à disparaître. On perd ainsi de vue que, même dans l'inaction, elle contrariait les desseins de l'ennemi en lui interdisant certaines opérations qui ne redeviennent possibles que par sa suppression. Il y a des armes qui ne servent jamais directement : telle est la baïonnette. On cite à peine deux ou trois exemples de troupes s'abordant à la baïonnette ; généralement l'une des deux cède le terrain

_____

(1) Affaire de l'île d'Aix ; guerre de l'indépendance hellénique.

avant le contact; ce n'est pas une raison pour supprimer l'arme de l'assaut.

Nous résumerons cette longue discussion en disant qu'il faut toujours perfectionner son armement : plus un instrument est tranchant, mieux il coupe; mais il serait imprudent de compter sur une supériorité difficile à contrôler pour en faire la base de nos conceptions tactiques. Si l'avantage est en notre faveur, nous en profiterons toujours; et le gain que nous en retirerons sera d'autant plus considérable que, n'en ayant pas fait état dans nos prévisions, nous n'aurons pas négligé de développer en nous l'esprit de la guerre qui doit choisir et diriger les armes, et non se laisser asservir par elles.

Ce principe ressortira plus nettement de l'étude des différentes armes. Ces armes sont : le canon, la torpille et l'éperon.

Le canon. — Quand on parle de combat d'artillerie, on entend généralement par cette expression une lutte à distance qui a pour but de mettre en ligne le plus grand nombre de pièces possible. C'est en effet une façon d'utiliser tous ses moyens d'action. Dans cet ordre d'idées, la ligne déployée, perpendiculaire à la ligne qui joint les centres des deux forces, est certainement une formation rationnelle (1). L'ennemi ayant la liberté de ses mouvements (puisqu'on s'en tient éloigné), est également amené à se déployer pour démasquer ses pièces. Dès lors, le combat se réduit à une canonnade intense; il a ainsi une grande analogie avec les combats sur deux lignes parallèles qui forment les neuf dixièmes de la chronologie maritime. Nous pouvons donc les prendre comme modèles, malgré la différence des bâtiments et des canons, parce que la situation relative des combattants reste la même.

---

(1) *Essai de tactique navale* (COUSTOLLE).

Ce genre de combat a fait ses preuves : il est improductif. Jamais l'ennemi n'a été anéanti quand on s'est borné à opposer pièces contre pièces. Les batailles fructueuses ont été celles où la symétrie des positions disparaissait et l'avantage ne s'est manifesté qu'à partir de ce moment.

Ce résultat s'explique facilement : ce que l'on cherche avant tout, c'est à s'assurer une supériorité, et le déploiement ne la donne que si on possède déjà la supériorité du nombre ou si l'ennemi commet des fautes, par exemple s'il se fait prendre en enfilade.

S'il fallait renoncer à une action décisive, ou se résigner à être vaincu chaque fois qu'on se trouve inférieur en nombre, cette perspective serait peu consolante. Heureusement des exemples contraires nous permettent d'avoir des visées plus élevées, et d'autres exemples nous montrent que, sauf des cas particuliers où la disproportion des forces était écrasante, quelques canons de plus ne suffisent pas pour assurer la victoire. Le nombre est incontestablement le plus précieux des auxiliaires, mais ce n'est pas le seul et il faut savoir s'en servir. L'emploi le plus judicieux qu'on en puisse faire consiste à déployer tous ses moyens, *en empêchant l'ennemi d'en faire autant*, ce qui implique qu'il faut lui imposer sa volonté; or, le combat d'artillerie ne permet pas de paralyser les mouvements de l'adversaire, il le laisse libre de se mouvoir à son gré. On ne peut donc être vainqueur que si l'ennemi contribue à se perdre par les fautes qu'il commet. C'est un moyen bien aléatoire; non pas qu'une erreur ne soit possible, mais elle n'est pas sûre et elle peut vite se réparer. S'il est bon de profiter d'un avantage, il est mieux de le faire naître.

L'artillerie moderne avec son vaste champ de tir et sa longue portée, facilite les concentrations de feux. Il y a là un élément nouveau qui donnera aux combats en ligne un caractère qu'ils n'avaient pas autrefois. Cependant il ne semble pas qu'en général on puisse en tirer grand bénéfice, car les bâtiments ennemis qu'on négligera en concentrant le feu sur les autres tireront avec d'autant plus de précision qu'ils seront moins incommodés. Les concentrations de feux employées momentanément, aideront à préparer un mouvement ultérieur; ce pourra être un incident du combat, ce ne sera pas le combat lui-même.

Du reste, on ne gagne pas de bataille sans développer jusqu'à leur extrême limite tous les facteurs qui en assurent le succès. Dans le combat d'artillerie, la responsabilité pèse presque entièrement sur les canonniers; le commandement, dont l'influence a toujours été prépondérante, a une part réduite à peu de chose; le rôle des capitaines est nul. Ce n'est donc pas la tactique du canon qui nous convient.

Cette assertion paraîtra monstrueuse. On me dira qu'elle est en contradiction flagrante avec les faits; que, dans les dernières guerres, et en particulier dans la guerre russo-japonaise, c'est le canon qui a tout fait; que c'est donc bien lui qui est l'arbitre des batailles.

C'est ma foi vrai; mais, du temps de Nelson aussi on ne se battait qu'au canon. Allez-vous prétendre que la tactique de Nelson que nous avons analysée plus haut était une tactique du canon. Lorsqu'on n'a à sa disposition qu'une seule arme c'est avec elle seule qu'on pourra occasionner des pertes à l'ennemi; mais il n'en résultera pas fatalement que le commandement sera guidé par cette idée exclusive que le canon est son seul moyen d'action.

Sans doute, nous ne sommes plus au temps de Nelson et il faut savoir être de son époque. J'accepte ce point de vue et je prends pour base de la discussion les deux grandes batailles de la guerre russo-japonaise : les batailles du 10 août et de Tsushima.

Oui, dans la journée du 10 août, c'est la tactique du canon qui a prédominé. Quel spectacle nous offre ce combat? Deux lignes parallèles qui échangent des obus à de très grandes distances ; des avaries dont aucune ne sera suffisante pour couler, ni même immobiliser un bâtiment ; des morts et des blessés en si petit nombre que nous avons eu le droit de dire que jamais bataille ne fut moins meurtrière (1). Cependant les Japonais ont été vainqueurs, mais ce ne fut pas une conséquence des avantages successifs obtenus par la seule supériorité du feu. La victoire s'est déclarée tout d'un coup par suite de la dispersion de l'escadre russe et au moment où l'amiral japonais se demandait comment l'affaire allait tourner.

Non, ce n'est pas le canon qui a vaincu ce jour-là ; c'est le moral des Japonais.

Tsushima ? On sait que, au commencement de cette mémorable bataille, les Russes aperçurent les Japonais par bâbord, faisant route au sud-ouest comme pour défiler à contre-bord des colonnes russes ; puis l'on vit tout à coup le bâtiment de tête venir sur la gauche et les autres navires le suivre par la contremarche. Si Togo avait voulu pratiquer exclusivement la tactique du canon, il eût été obligé de s'interdire ce mouvement initial ; car, pendant plusieurs minutes, le jeu de l'artillerie se trouva contrarié et, en même temps, les bâtiments japonais venaient successivement passer sous le feu concentré des Russes.

Le commandant Séménof, dans son carnet, fait remarquer que cette manœuvre causa une vive surprise à bord du *Souvarow* et fit bien augurer de la journée. Cependant elle ne fut pas étrangère au triomphe des Japonais puisqu'elle eut pour conséquence de barrer le T aux colonnes russes, puis de mettre immédiatement hors de cause les deux bâtiments de tête et enfin de jeter le désordre dans les rangs

---

(1) Pour les détails du combat, voir : *La Lutte pour l'empire de la mer,* chap. II.

ennemis. Après quoi, Togo s'efforça constamment de déborder la ligne russe dont la queue ne pouvait participer à l'action en raison de son étendue. C'est-à-dire que Togo *déploya tous ses moyens en empêchant l'ennemi d'en faire autant.* L'application de ce principe n'a rien à voir avec la nature des armes; ét la guerre russo-japonaise ne modifie pas notre opinion sur l'insuffisance de la tactique du canon.

Toutefois on doit concéder à celle-ci qu'elle permet de donner la victoire lorsqu'on a sur l'adversaire une grande supériorité dans la précision et la rapidité du tir puisqu'on se trouve ainsi disposer, à nombre égal de pièces, d'une puissance double ou triple. Mais généralement il est difficile de faire état à l'avance du manque d'entraînement de l'ennemi; car c'est seulement après la bataille, et par les résultats obtenus, qu'on s'en rend compte.

L'éperon.

L'éperon. — Les exploits de l'éperon sont suffisamment nombreux pour permettre de déterminer le degré d'importance qu'on est en droit d'accorder au combat par le choc.

Si nous passons en revue les combats où l'éperon a joué un rôle, nous sommes frappés par le fait que, sauf de très rares exceptions, l'attaque des béliers n'a réussi que contre des bâtiments au mouillage ou désemparés. Entre navires libres de leurs mouvements, le jeu de l'abordage aboutit généralement à un frôlement. Pour justifier cette assertion, il suffit de se reporter aux guerres de Sécession et de l'Amérique du Sud qui fournissent de nombreux exemples; et d'étudier plus particulièrement le combat de Mobile et celui du *Cochrane* et du *Huascar*.

Pour étudier le combat à l'éperon entre deux bâtiments, on a coutume de prendre un compas et de tracer des ronds sur lesquels on fait mouvoir les navires. Lorsque les deux mobiles se rencontrent à l'intersection des cercles, le problème est résolu.

Toute cette technique circulaire s'écroule devant cette simple considération : jusqu'au dernier moment on ne peut savoir qui sera l'abordeur ou l'abordé. Tout dépend du rapport des vitesses ; or chaque bâtiment est libre de modifier la sienne à son gré, sans que l'autre puisse s'en apercevoir.

Un commandant qui aura de la décision et du coup d'œil usera de l'éperon s'il rencontre tout à coup une occasion favorable ; mais la manœuvre ne saurait être généralisée à tous les navires d'une même escadre.

C'était ainsi que les choses se passaient à une époque où on pouvait prétendre à couler un bâtiment par le choc sans être entraîné soi-même dans l'abîme. Des faits récents prouvent qu'actuellement l'abordeur court des risques presque aussi grands que l'abordé. La nécessité s'impose donc plus que jamais de ne se servir de l'éperon que contre un navire immobilisé pour ne l'aborder qu'avec une vitesse presque nulle. L'éperon est une arme occasionnelle qui ne peut entrer dans les prévisions du combat ; on l'utilise quand l'occasion s'en présente.

Et Lissa ? objectera-t-on.

Est-il bien vrai qu'à Lissa ce soit l'éperon qui ait décidé du sort de la bataille ?

Étudions les faits. Les Italiens perdirent deux bâtiments : le *Palestro*, incendié par les obus ; le *Re d'Italia*, coulé par le *Ferdinand Max*. La contribution de l'éperon dans le gain de la journée ne fut donc que de 50 % ; elle fut même inférieure, s'il est vrai que le *Re d'Italia* ait eu son gouvernail brisé par un boulet. Cependant Tegethoff avait pris ses dispositions, et mené le combat en vue de favoriser exclusivement l'action de l'éperon ; et Persano, en outre, lui facilita la tâche en présentant le travers. Malgré tout, il n'y eut qu'un seul coup au but : tel est le bilan d'une escadre nombreuse, menée par un chef énergique, où chacun a fait son devoir.

La victoire ne fut-elle pas due, plutôt, à ce que la flotte autrichienne se présenta concentrée devant une ligne étendue et la perça? L'escadre italienne, coupée en deux, n'eut plus alors d'autre but que de réunir ses tronçons; elle abandonnait ainsi son objectif principal qui était de faire tête à l'ennemi, et se livrait sans défense. Ainsi ,l'éperon, en déterminant une formation compacte, fut la cause indirecte de la victoire; il n'en fut pas la cause principale. Tegethoff en avait fait son arme principale, parce que son artillerie était impuissante contre les cuirasses des bâtiments italiens; mais les résultats ne furent pas en rapport avec la valeur de l'amiral autrichien : l'arme n'était pas assez souple pour qu'il pût la manier à son gré. Ce que l'on est convenu d'appeler la tactique de l'éperon peut n'avoir rien à voir avec le choc. Il n'y a que dans les cours de tactique que deux escadres ennemies s'avancent l'une contre l'autre en ligne de front pour combattre à l'éperon. Si cette réalité se présentait jamais, il est plus que probable que l'une des deux évoluerait avant le choc pour se dérober. C'est ainsi que les choses se passent dans les charges de cavalerie; *jamais, jamais* le choc n'a lieu; le moins énergique tourne bride le premier.

L'amiral qui aura la suprême audace de s'avancer sur l'ennemi en formation compacte passera peut-être devant la postérité pour avoir voulu combattre à l'éperon alors qu'il aura seulement cherché à jeter le désordre dans les rangs de son adversaire en le forçant à manœuvrer sous la menace d'une collision générale.

Envisagé à ce point de vue, le combat à l'éperon est une lutte entre deux caractères.

La torpille. — Jusqu'à ces dernières années, les tubes de lancement n'étant pas protégés, les torpilles pouvaient être classées dans la catégorie des engins qui sont aussi dangereux

pour ceux qui les emploient que pour ceux auxquels ils sont
destinés. L'introduction des tubes sous-marins a amélioré
cette situation fâcheuse, mais elle a accentué un défaut qui
existait déjà à un degré moindre : par suite de la fixité du
pointage on ne peut lancer une torpille sans s'exposer soi-
même à être torpillé. Cette perspective n'a rien de séduisant.
Tant qu'on n'aura pas la certitude que l'ennemi est incapable de se servir de ses torpilles, on évitera d'utiliser une
arme qui jouit du bénéfice de la réciprocité. On la négligera d'autant plus volontiers qu'on sera plus près de toucher
au but : ce n'est pas au moment de récolter la victoire qu'on
s'exposera à en perdre le fruit.

Pendant la guerre russo-japonaise la préoccupation de ne
pas pénétrer dans le champ d'action des torpilles est évidente chez les belligérants ; aussi la torpille n'a-t-elle joué
aucun rôle entre bâtiments de ligne. A Tsushima, les Japonais en ont lancé une soixantaine, mais la distance était
trop grande pour qu'elles pussent atteindre jusqu'au but.

Ce résultat négatif a créé dans la marine française un
courant d'opinion favorable à la suppression des torpilles
sur les cuirassés, en particulier parmi les ingénieurs qui sont
gênés dans leurs plans par la place considérable que néces-
site le logement des tubes sous-marins.

La suppression des torpilles serait une faute irrépara-
ble ; elle placerait la marine française en état d'infériorité
absolue par rapport aux autres puissances maritimes.

La torpille n'a joué aucun rôle parce que chacun appréhendait d'être torpillé ; et pour ne pas s'exposer à l'atteinte
des torpilles ennemies, on devait renoncer à en lancer. Si
nous, Français, nous supprimons les torpilles à bord de nos
cuirassés, nos adversaires n'auront plus à craindre d'être
torpillés ; et en même temps, ils seront en possession d'une
arme puissante contre laquelle nous resterons sans défense,
parce que nous ne pourrons pas riposter à ses coups. La tac-

tique de l'ennemi consistera donc à faire entrer ses torpilles en action; et il le fera avec d'autant moins de danger qu'il ne se privera pas pour cela de ses autres moyens. Il s'efforcera de se rapprocher; et nous, pour ne pas être torpillés, nous devrons nous dérober et nous mettre de ce fait en mauvaise posture. Nous nous trouverions dans la même situation qu'une armée dans laquelle on aurait supprimé la baïonnette sous prétexte que les corps-à-corps ne se produisent jamais.

La suppression des torpilles nous placerait sur le champ de bataille sous la dépendance de l'ennemi; le combat serait perdu moralement avant toute perte matérielle.

Et si d'autres marines se privaient bénévolement de leurs torpilles, il faudrait se garder de les imiter.

Depuis quelques années, on s'est attaché à beaucoup augmenter le rayon d'action des torpilles auquel on n'attachait précédemment qu'une importance secondaire. Il nous faut donc veiller attentivement à ne pas nous laisser distancer; car une différence sensible dans la portée des torpilles favorise celui qui bénéficie de la plus grande portée parce qu'il peut toucher son adversaire sans s'exposer à être touché.

Pourquoi nos bâtiments ne sont-ils pas munis d'un tube d'étrave? Le lancement par l'avant permet de torpiller avec les moindres chances d'être torpillé. Les torpilles du travers sont des armes défensives qui défendent l'approche du bâtiment dans un rayon déterminé; seule, la torpille de l'avant est offensive.

IV

LA MASSE

Cherchant, dans les armes dont nous disposons, celle qui nous donnera une supériorité sur l'ennemi, nous avons renoncé à la tactique du canon parce qu'elle ne donne aucun avantage marqué; à l'éperon parce qu'il est dangereux pour celui qui s'en sert; à la torpille parce qu'elle est traîtresse. Nous sommes ainsi amenés à répudier le système qui transforme le combat en une lutte méthodique commençant par le canon, se continuant par la torpille et s'achevant par l'éperon. Si nous acceptions d'ailleurs cette division par tranches, nous nous buterions à des difficultés d'exécution insurmontables, car les manœuvres qu'il faudrait faire sont plus faciles à définir qu'à réaliser. Dans quelle mesure les bâtiments seront-ils en état d'évoluer avec les avaries qui seront la conséquence de la première phase du combat (de beaucoup la plus longue)?

Ces avaries ne seront pas négligeables, puisqu'on ne doit passer à la deuxième phase que si la première a été infructueuse, ce qui implique qu'on aura eu le dessous dans le combat d'artillerie.

Il y a là de quoi nous faire réfléchir, et il faut chasser de notre esprit la physionomie d'un champ de bataille où on manœuvrerait comme sur un terrain d'exercice. Prenons garde aussi de ne pas répéter, dans l'application de ce système, l'erreur des anciennes tactiques qui ne tenaient jamais compte des mouvements de l'adversaire ; car il est évident qu'on ne peut donner au combat cet aspect méthodique qu'avec la complicité de l'ennemi.

Si nous voulons trouver la véritable arme du combat, il faut aller la chercher dans l'étude des anciens champs de bataille et ne pas la demander à des théories spéculatives.

Deux conceptions dominent les innombrables combats livrés sur terre et sur mer.

La première, qui a servi de guide dans la grande majorité des rencontres, consiste à mettre en ligne toutes les forces dont on dispose, et à les distribuer également en face de l'ennemi de manière à les équilibrer. Cette manière de procéder est naturelle, on peut même dire instinctive ; elle aboutit à la ligne déployée pour l'artillerie et à la ligne de front pour l'éperon.

De prime abord, il semble qu'elle doive donner les résultats les plus considérables puisque partout on fait l'effort maximum ; dans la pratique, elle n'en donne aucun, parce que partout les moyens sont insuffisants. La supériorité du nombre, quand on la possède, se trouve également répartie et ne suffit pas à assurer un avantage appréciable.

La seconde conception est complètement différente ; elle n'a été appliquée que par les maîtres dans l'art de la guerre. Pour eux, le but n'est pas d'utiliser les forces d'une façon rationnelle, et de leur donner une distribution méthodique qui doit faire face à toutes les éventualités ; le but est de se servir de la force matérielle pour briser la force morale de l'ennemi et de profiter de cette dépression morale pour frapper des coups décisifs.

Ainsi le combat n'est plus soumis à l'application de règles déterminées ; il prend l'orientation que lui imprime une idée directrice qui varie suivant les circonstances, parce qu'elle s'inspire uniquement de la situation. Le procédé est le même, sur terre comme sur mer ; et, pour le caractériser, nous citerons un exemple qui nous paraît le mettre particulièrement en relief.

Le 14 juin 1807, Napoléon rencontra les Russes à Friedland. L'armée ennemie était déployée le long de l'Alle, adossée à la rivière ; quatre ponts assuraient sa ligne de retraite et la mettaient en communication par Friedland avec la réserve restée sur l'autre rive. Du plateau de Posthnen, l'empereur voit la situation et aussitôt il n'a plus qu'une idée, une seule : s'emparer des ponts. Il forme alors une colonne qu'il place sous les ordres de Ney, et il la lance à l'assaut des ponts. De tout le reste, il n'a cure ; Oudinot, dont les grenadiers contiennent difficilement la ligne des tirailleurs ennemis, lui envoie officiers sur officiers, pour avoir du renfort ; il n'en tient aucun compte. Pourquoi ? Parce qu'il sait que le nœud de la situation est uniquement à Friedland et qu'à partir du moment où les Russes seront coupés de la ville, ils abandonneront la partie ; et l'événement lui donne raison.

Dans toutes les manœuvres de Napoléon, on retrouve cette même préoccupation de peser sur le moral de l'ennemi plutôt que de le combattre méthodiquement ; et comme sa pensée est toujours juste, il est toujours vainqueur. Lorsque les circonstances ne favorisent pas cette tactique, la lutte est plus longue, plus âpre ; elle est surtout plus meurtrière.

Sur mer où le terrain n'offre pas les mêmes ressources que sur terre, le côté psychologique des combats est moins apparent ; il n'en existe pas moins. L'efficacité de la manœuvre qui consistait à couper la ligne tenait bien plus à des causes morales qu'à des causes matérielles. Les bâtiments, tout comme les hommes, ont besoin pendant qu'ils se battent de se sentir soutenus. La rupture de la ligne détruisait la cohésion dans l'escadre ; les bâtiments, au lieu de s'accrocher à un bâtiment ennemi pour le combattre bord à bord, étaient dominés par la préoccupation de renouer le lien qui venait de se rompre, à moins que — ce qui était encore plus grave — ils ne considérassent la partie comme définitivement perdue. Dans l'un et l'autre cas, l'ennemi en profitait pour porter son effort sur l'un des tronçons de la ligne qui succombait sous le poids de forces supérieures.

La manœuvre de Nelson, à Aboukir et à Trafalgar, n'a pas eu seulement pour conséquence de produire un effet matériel irrésistible; l'effet moral apparaît nettement dans les tergiversations de Decrès et de Dumanoir qui hésitent si bien qu'ils restent étrangers à l'action.

Tout cela est fort possible, dira-t-on; mais les temps ont changé. Aujourd'hui on ne peut plus couper la ligne ni songer à recommencer sur une de ses extrémités des attaques qui spéculaient sur les difficultés de la navigation à voiles.

C'est vrai, aussi ne s'agit-il pas de rééditer les mêmes manœuvres; nous devons seulement retenir l'idée qui l'a inspirée. Évidemment nous ne discernons pas nettement ce que l'on pourrait faire parce que la guerre est un art et que l'inspiration ne vient qu'à l'artiste. Il ne faut pas en conclure qu'il n'y a rien à faire. Si tout le monde avait eu l'idée de la manœuvre d'Austerlitz, elle eût été inefficace et rien ne différencierait Napoléon du plus obscur de ses généraux. Aussi bien il serait difficile de préciser; car il y a autant de cas particuliers que de combats, et chaque fois les données varient. On ne peut donc que poser des principes directeurs dont l'application variera suivant les circonstances particulières à chaque rencontre.

Ces principes peuvent se résumer ainsi :

Détruire la cohésion de l'ennemi, le démoraliser, l'inciter à renoncer à la lutte en abandonnant des gages : tel est le but.

Pour réaliser ces différents objectifs, il faut un instrument d'une force irrésistible, qui frappe à coup sûr. C'est la masse ou la concentration des forces (1).

Voilà l'arme de la victoire.

Matériellement, la masse annihile toute défense à l'endroit où elle pèse; moralement, elle enlève à ceux qui en supportent le poids toute chance de résister; or, les troupes qui combattent sans espoir se défendent mal.

Elle n'agit pas avec méthode; elle utilise tous les éléments dont elle se compose au mieux des intérêts du moment, en mettant à profit toutes les occasions qui naissent des circonstances, en faisant agir toutes ses armes d'après les besoins immédiats. Elle n'enlève rien de son importance à l'armement puisqu'elle tire sa force de l'accumulation d'un grand nombre d'armes sur un même point.

Variable dans sa forme, la masse se prête à toutes les combinaisons, et c'est ce qui en fait l'arbitre des batailles : si puissante que soit une arme, son rendement est limité; quand on aura mis en ligne toutes ses pièces, on aura atteint le maximum de ce qu'elles peuvent donner; l'intelligence de l'homme, au contraire, a des ressources inépuisables, et la masse est la seule arme qu'il puisse asservir.

En subordonnant la tactique à l'emploi rationnel des armes, on l'enferme dans une formule rigide que l'ennemi peut employer avec autant de succès que nous; or, ce ne sont pas les formules qui gagnent les batailles, ce sont les grands capitaines (2).

---

(1) Il est nécessaire d'établir dès maintenant une distinction entre une concentration de forces et une concentration de feux. Une concentration de feux ne devient une concentration de forces que dans le cas où la partie des forces ennemies que l'on néglige ne peut prendre part à l'action. Il en résulte alors une supériorité qui sans cela est douteuse.

(2) La différence des deux méthodes est facile à saisir. Dans la première, on se bat pour utiliser ses armes; dans la seconde, on utilise ses armes pour se battre. Dans l'une, on cherche surtout à se mettre

Profitons donc des leçons que nous donnent les hommes qui connaissaient la guerre mieux que nous; souvenons-nous que la tactique des armes doit être subordonnée à la tactique des masses (1).

---

en règle avec soi-même, la formation est indépendante de l'ennemi; dans l'autre, la préoccupation dominante est la hantise de détruire l'ennemi et le moyen d'y parvenir.

(1) Nelson a livré trois grandes batailles : Aboukir, Copenhague, Trafalgar. Ce n'est qu'à Copenhague que les circonstances locales ne lui permirent pas d'opérer une concentration de forces; aussi, de son propre aveu, ce combat fut-il le plus meurtrier des trois, et il ne s'en tira qu'à l'aide d'un expédient peu honorable.

Pendant toute la période des guerres de la Révolution et de l'Empire, les Anglais eurent sur nous une grande supériorité de tir. Le relevé des pertes, fait par le commandant Chevalier, accuse une disproportion énorme. Malgré l'avantage initial qui en résultait pour les Anglais, Nelson ne crut pas devoir opposer navire contre navire. Il y a là une indication qu'on ne saurait négliger. Elle fait ressortir que, pour réduire un navire, il faut d'abord des moyens proportionnés à sa puissance défensive; puis, si ce navire se défend avec ses armes offensives, il faut y ajouter d'autres moyens supplémentaires, c'est-à-dire être supérieur en nombre. Lorsque l'équilibre existe de part et d'autre (comme dans les combats singuliers), la victoire dépend des facteurs moraux.

V

DE LA DISTANCE DE COMBAT

Avant d'aller plus loin, il nous faut élucider une question qui reviendrait à chaque instant sous nos pas si nous ne nous en débarrassions pas dès maintenant. Quelle est la distance de combat?

Elle découle des considérations qui précèdent.

Nous pouvons déduire de ce que nous avons dit que le canon est une arme permanente, tandis que l'éperon et la torpille ne sont que des armes occasionnelles. C'est donc le canon qui réglera la distance dans la limite où celle-ci mettra à l'abri de l'atteinte fortuite d'une torpille. Sous cette restriction, la distance s'impose d'elle-même : elle doit être celle qui permettra de réduire l'ennemi le plus rapidement en donnant à l'artillerie son rendement maximum.

Dieu nous garde de pénétrer ici dans le domaine de l'officier canonnier; mais nous ne croyons pas sortir d'une sage réserve en affirmant que, aux très grandes distances, le réglage du tir est un problème qui ne comporte pas de solution absolue, surtout dans les conditions où il se présente sur le champ de bataille. En demandant à l'artillerie de lancer des projectiles au but à des distances considérables, on cherche à s'assurer une supériorité initiale, et on a raison. En travaillant à résoudre cette difficulté de la façon la plus satisfaisante, les canonniers apportent leur tribut à l'œuvre commune; mais la loi générale du combat n'en est pas modifiée. Le commandement, en effet, n'a pas à s'occuper des méthodes de tir; il n'a qu'à en constater les effets et à en peser les résultats. Il regarde donc et il voit que, toutes choses égales d'ailleurs, le nombre de coups au but diminue quand la distance augmente. Puisqu'on veut réduire l'ennemi, on est amené fatalement à adopter la portée qui permettra de perdre le moins possible de projectiles dans la mer. La seule préoccupation du commandement sera de se placer, par rapport à l'ensemble des forces ennemies, dans une position telle qu'ayant une grande supériorité de feux sur une partie des bâtiments ennemis, il soit masqué du feu des autres. La précision du tir n'en sera pas moins précieuse; pendant la période de rapprochement, elle occasionnera des avaries dont le bénéfice restera acquis; dans le courant de l'action, elle continuera à se faire sentir d'une façon permanente, et permettra de préciser les objectifs à battre sur chaque navire à mesure que la distance diminuera. Augmenter la distance en vue de profiter d'une meilleure méthode de tir conduit à faire reposer le sort de la bataille sur une spéculation difficile à calculer; ce serait, en tous cas, se donner un avantage pour se priver d'un autre plus considérable qui consiste à ne pas gaspiller ses munitions. Il ne s'agit pas devant l'ennemi de mettre en relief l'habileté de nos canonniers; il suffit d'en profiter, car la direction du combat appartient au commandement.

Cependant un fort courant d'opinion se manifeste en faveur du combat à très grande distance. On l'a surtout préconisé dans le but de protéger les bâtiments faiblement cuirassés contre les coups de perforation. En ajoutant à l'éloignement la précaution de se présenter obliquement à l'atteinte des projectiles, on s'assure *théoriquement* une protection presque absolue. Comme l'on voit, nous nous trouvons encore en face d'un système défensif (à chaque pas nous butons contre la défensive), et si nous ne l'avons pas mentionné plus haut, c'est qu'on le récuse comme tel.

Discutons les deux arguments sur lesquels il repose : la distance et l'obliquité des coups.

Nous admettons volontiers que la distance est une protection efficace; mais elle présente le grave inconvénient d'être plus avantageuse pour celui qui la subit que pour celui qui l'impose, lorsque la préoccupation de ce dernier est d'éviter les coups dangereux. En effet, mettons en présence deux navires inégalement cuirassés et de tonnage comparable, le *Masséna* et le *Kaiser Friedrich III*, par exemple. Le premier est moins armé, mais il est mieux protégé; les économies de poids qui ont été faites sur la cuirasse du second ont été reportées sur l'artillerie. C'est donc ce dernier qui, d'après la théorie en cours, devra rechercher la lutte à grande distance. Il l'obtiendra sans doute, grâce à sa supériorité de vitesse. A la distance choisie, les obus du *Masséna* seront impuissants contre la coque du *Kaiser Friedrich III*; voilà qui est acquis. Mais alors les obus du *Kaiser Friedrich III* seront encore bien moins efficaces contre la coque du *Masséna*. Comment en serait-il autrement puisque, d'une part, celui-ci a 15 centimètres de cuirasse de plus, et que, d'autre part, la distance qui sépare le *Kaiser Friedrich III* du *Masséna* est exactement la même que celle qui sépare le *Masséna* du *Kaiser Friedrich III*. De quel côté est l'avantage? D'aucun. Nous voyons bien ce que gagnera le *Kaiser Friedrich III*, mais ce que perdra le *Masséna* nous échappe. Les deux bâtiments sont dans la situation de deux escrimeurs placés hors de portée de fleuret; ils ne se feront pas d'avaries majeures et ils videront leurs soutes en pure perte. Ce qui prouve une fois de plus que quand on veut faire du mal à son adversaire, il faut l'atteindre et ne pas se contenter de le regarder de travers.

Si le *Kaiser Friedrich III* tient réellement à se battre, il devra se rapprocher jusqu'à entamer les protections du *Masséna* ; il entrera alors dans le cercle de vulnérabilité de son partenaire avant que celui-ci n'entre dans le sien. La distance lui est donc nettement défavorable, et il est acculé à une impasse. Il ne peut en sortir qu'en franchissant le plus vite possible la zone dangereuse dans laquelle il est exposé à recevoir des coups mortels sans pouvoir en porter, et en se battant à bout portant. Si paradoxale que paraisse cette manière de procéder, c'est la seule qui offre des chances de succès parce que c'est celle qui permet au « *Kaiser Friedrich III* » *d'utiliser avec profit sa supériorité d'artillerie.* Ainsi qu'il arrive souvent à la guerre, cette solution hardie est aussi la plus prudente, car l'intensité du feu est une véritable protection ; elle éteint le feu de l'ennemi, tandis que la cuirasse ne fait que parer imparfaitement les coups puisqu'on ne peut en mettre partout. Évidemment, la supériorité des feux du *Kaiser Friedrich III* ne démontera pas instantanément les pièces du *Masséna*, mais tous les coups porteront et ils produiront l'effet d'une poignée de sable qu'on reçoit dans la figure : les pointeurs seront éblouis, leur tir deviendra incertain ; avant qu'ils n'aient repris leur sang-froid la pluie de fer aura fait son œuvre. Ainsi la supériorité s'accentuera peu à peu pour finir par l'extinction totale du feu de l'ennemi, si, comme nous le verrons plus loin, le combat ne cessait avant (1).

Dans les deux combats de Cavite et de Santiago, les bâtiments américains auraient pu se passer de cuirasse parce que, dès le début de l'action, ils eurent la supériorité du feu. Il ne faut pas en conclure naturellement à l'inutilité de la cuirasse parce qu'il n'est pas toujours aussi facile de paralyser le tir de l'ennemi ; mais on peut dire que la cuirasse

---

(1) Si on ne devait pas s'approcher de l'ennemi sous prétexte qu'on est moins protégé, il n'y aurait jamais d'assaut.

n'est vraiment utile que pendant la période critique où la balance reste en suspens.

Quant à l'avantage de l'obliquité des coups, il n'existe en valeur absolue que si l'ennemi ne peut lui-même employer le même système de protection. Or, non seulement il pourra se servir de cette ressource problématique, mais il sera amené à se présenter aux projectiles sous le même angle que son adversaire par le fait seul qu'il prendra la route la plus favorable pour se rapprocher.

Nous avons envisagé le cas de deux bâtiments de même tonnage dans lesquels l'un des éléments faibles était compensé par le développement de l'autre. Il peut également arriver qu'un cuirassé ait à combattre un navire qui lui soit inférieur au double point de vue de l'armement (1) et de la protection. Ce genre de bâtiment existe; il a un nom : on l'appelle *croiseur cuirassé*. On peut alors retourner le problème du combat dans tous les sens et sous toutes ses faces : il est insoluble. Et véritablement, en regardant les choses de près, on ne peut en douter. Si le croiseur cuirassé a des canons trop faibles, par construction, pour percer les blindages des cuirassés; si, de plus, il est trop peu protégé pour pouvoir s'exposer aux coups de ceux-ci dans les limites où sa propre artillerie est impuissante, on ne voit pas comment une distance quelconque pourrait modifier cet état de choses.

L'insuffisance du croiseur cuirassé ne provient pas du navire lui-même, mais de sa comparaison avec des navires plus puissants. Puisque les autres nations ont adopté un type de navire de combat, nous sommes bien obligés de suivre le mouvement, de même que l'adoption d'un nouveau modèle de fusil détermine une modification générale

---

(1) Nous entendons ici l'infériorité d'armement dans le sens de l'infériorité de puissance des pièces.

dans l'armement de l'infanterie de toute l'Europe. Le croiseur cuirassé n'est bon que contre ses similaires; en dehors de ce cas particulier, il faut l'employer à des services spéciaux. Le *Suffren* et la *Jeanne-d'Arc* ont le même tonnage. Que pourra cette dernière contre le premier? Se faire couler. Elle engagera la lutte sans espoir de percer les murailles du *Suffren;* en revanche, elle ne sera pas sans préoccupation pour les siennes.

Dans la première édition de cette étude, en 1902, nous ajoutions : « La question de l'utilisation des croiseurs cuirassés se posera le jour où on sera obligé de les mettre en ligne, à défaut de cuirassés. L'histoire nous apprend en effet que, quand on a l'infériorité du nombre, on fait flèche de tout bois. » Certes, nous ne pensions pas alors que ce serait le Japon qui confirmerait ces prévisions. Les huit croiseurs cuirassés dont cette nation pouvait disposer pendant la guerre furent constamment mis en ligne avec des cuirassés. Deux d'entre eux servirent à compléter à six le nombre des cuirassés de la première escadre; les six autres formèrent une deuxième escadre qui, à Tsushima, combattit dans les eaux des cuirassés. Alors il eût mieux valu avoir des cuirassés. Le cas échéant, la France sera obligée de faire ce qu'a fait le Japon.

*
* *

La théorie du combat à grande distance est venue au monde au bruit du canon du Yalu. On constata que les bâtiments protégés des Japonais avaient battu l'escadre chinoise; aussitôt on en conclut que : 1º les cuirassés ne valaient rien, puisqu'ils avaient eu le dessous; 2º il fallait se battre de loin, puisque les Japonais s'en étaient bien trouvés. A première vue, cette opinion peut se défendre; elle ne résiste pas à l'examen parce qu'elle repose sur une base fausse. La flotte chinoise, en effet, n'était pas une escadre de cuirassés; *c'était une escadre qui comprenait deux cuirassés* (1). On prit la partie pour le tout, et sur cette erreur de mots s'est bâtie une légende.

Voyons ce qui s'est passé :

L'amiral Ito se tient systématiquement à distance pour protéger ses garde-côtes qui n'ont pas de cuirasse verticale. Il oublie ainsi qu'il n'y a qu'une distance qui puisse protéger efficacement les navires dénués de protection : c'est celle qui les met hors de portée de canon. Le *Matsushima* en fit l'expérience, et un seul obus le mit hors de combat. En revanche, deux bâtiments chinois sont coulés, et cela au moment précis où, par suite des incidents du combat, les deux escadres se trouvent rapprochées (2).

Bientôt les Japonais n'ont plus devant eux que les deux cuirassés. L'escadre japonaise avait à ce moment une supériorité d'artillerie incontestable, doublée d'une grande supériorité dans la justesse et la rapidité du tir. Cependant, sous la grêle d'obus qui s'abattent sur eux, les cuirassés, courbant l'échine, tiennent bon et ripostent faiblement. Ils tiennent si bien que les Japonais finissent par abandonner le champ de bataille.

N'est-il pas permis de supposer que, si ces derniers, réunissant leurs forces, s'étaient rapprochés franchement pour envoyer tous leurs coups au but, ils auraient pris ou coulé les deux cuirassés. L'éloignement ne leur permit pas d'utiliser avec profit leurs grosses pièces et leur fit perdre la plus grande partie de leurs projectiles. Finalement ils durent s'éloigner faute de munitions. Sans doute un combat rap-

---

(1) Après les deux cuirassés de 7.500 tonnes, les deux bâtiments les plus forts étaient le *King-Yuen* et le *Lai-Yuen* qui jaugeaient 2.850 tonnes. Il est difficile de faire passer ces derniers pour de véritables navires de combat.

(2) Le *Chih-Yuen* fut coulé d'un coup d'enfilade à bout portant.

proché leur aurait occasionné des avaries plus considérables; mais, d'un autre côté, les résultats eussent été autrement importants. Et depuis quand gagne-t-on des batailles sans recevoir des coups? N'est-ce pas poursuivre une chimère que de prétendre faire du mal à l'ennemi sans s'exposer? N'eût-il pas mieux valu attraper quelques projectiles de plus et rendre inutile l'expédition de Weï-haï-Weï, qui fut le complément du Yalu et exigea l'expédition de 24.000 hommes en plein hiver?

Ayons le courage de dire la vérité : l'origine de la théorie du combat à grande distance tient à ce sentiment qui nous porte à toujours nous placer à la limite de vulnérabilité des armes; comme l'on sent confusément son peu d'efficacité, on cherche des arguments pour se justifier soi-même. (Ceux-ci ressemblent terriblement aux anciennes discussions sur les avantages et les inconvénients des positions au vent et sous le vent.) On fait ainsi reposer le sort des batailles sur de petites chicanes, et on oublie les vrais principes de la guerre qui reposent sur la valeur des combattants, mise au service d'une intelligence.

Il faut nous défier de nous-mêmes et nous laisser guider par la raison, non par l'instinct.

Si nous voulons réellement nous battre, faire du mal à l'ennemi, il faut nous battre à distance efficace. Il est rationnel que les distances de combat actuelles soient supérieures à ce qu'elles étaient antérieurement : à mesure que la portée des pièces augmente la précision des moyens de pointage augmente également et la distance que l'on peut considérer comme étant la plus meurtrière se trouve reculée. La distance de combat est également fonction du rayon d'action des torpilles qui atteindra certainement dans un délai rapproché plusieurs milliers de mètres. Sous ces réserves, il n'y a pas de raison de rechercher *a priori* les très grandes distances de combat. Il serait même dangereux de se fixer une limite en dedans de laquelle on ne devra pas se laisser approcher. Cette obligation forcerait à manœuvrer sous le feu de l'ennemi, ce qu'on doit toujours éviter afin de ne pas troubler la conduite du tir, et elle conduirait au combat en retraite. Lorsque l'action est engagée, il faut s'accommoder de la distance, quelle qu'elle soit. Si on estime qu'elle n'est pas bonne, on se consolera en pensant que l'ennemi n'est pas mieux partagé.

Remarquons d'ailleurs que l'entrée en scène d'un grand homme de mer a toujours été marquée par un rapprochement des distances. La raison en est bien simple : qui veut la fin veut les moyens.

Nous sommes unanimes à admirer la fougue avec laquelle Suffren se précipitait sur l'ennemi, semblant dire à ses capitaines : *Venez me chercher.* Notre admiration ne vient pas seulement du dédain que Suffren professait pour les boulets; nous sentons que sa ligne de conduite était la seule qui pût le conduire à ses fins : supprimer de l'Inde l'escadre anglaise. Nous apercevons clairement les immenses résultats qu'il eût obtenus si ses capitaines l'avaient suivi, et nous lui sommes reconnaissants de la gloire qu'il eût répandue sur nos armes. Cependant, dès que nous nous plaçons dans la même situation que lui, nous cherchons à éluder la solution; nous nous trompons nous-mêmes par des considérations spécieuses. Naturellement nous en arrivons ainsi à une conclusion diamétralement opposée. Cela tient à un manque de courage moral (1) : il y a, dans la vie, bien des circonstances où nous adoptons sciemment le plus mauvais parti; en agissant ainsi, nous obéissons à un sentiment naturel qui nous pousse à toujours retarder le moment critique, quitte à lais-

_____

(1) Il s'agit ici de courage moral et non de courage physique. Ce dernier, en France, fait rarement défaut, mais il est souvent aveugle et ne convient pas à un chef d'escadre qui doit avant tout conserver sa lucidité d'esprit.

ser empirer notre situation. C'est humain. Nous voyons
l'effort immédiat ; nous reculons devant lui et nous espérons
qu'une circonstance fortuite nous délivrera des complications
que nous entrevoyons moins nettement parce qu'elles sont
au second plan (1).

L'éternel compromis sur lequel est bâtie la marine de
guerre (et qui tient à la nature du milieu) nous poursuit sur
le champ de bataille. Il ne donne prise qu'à deux avantages :
le nombre et l'énergie. Le nombre, c'est la masse. L'énergie,
c'est le combat à bonne portée. Le reste n'est que sophisme.
Ce n'est pas à 8.000 mètres, d'ailleurs, qu'on peut prendre
un ascendant moral ; pour imposer sa volonté à l'ennemi, il
faut le tenir sous sa dépendance, et le mettre en demeure
d'opter entre deux solutions également mauvaises : se
rendre ou fuir.

On ne doit donc pas rechercher le combat à grande distance, mais on peut être obligé de le subir. Il offrira alors
des chances de succès, à condition qu'on s'obstine à se rapprocher. On obligera ainsi l'ennemi à s'éloigner pour maintenir l'intervalle, et il en résultera fatalement que le chasseur
combattra par la hanche de l'avant, tandis que le chassé
tirera par la hanche de l'arrière du bord opposé. Outre que
ces positions relatives donnent généralement une supériorité de feux à celui qui tire en chasse, elles offrent surtout l'a-
vantage de faire tomber sur lui tout bâtiment qu'une avarie
force à ralentir, même momentanément. On concentrera
donc le feu des grosses pièces sur une partie des bâtiments

---

(1) La navigation nous offre journellement des exemples de cet
état d'esprit. On renonce à passer dans un endroit délicat, parce qu'on
subit l'influence du temps, de la mer qui déferle, des dangers qui
brisent. On pique alors au large et on se place dans une position critique pendant plusieurs jours, essuyant la tempête sans savoir où on
est. Un effort de la volonté eût suffi pour gagner le port en quelques
heures.

ennemis pour créer des brèches à l'avant; on choisira de préférence les derniers bâtiments ou ceux qui sont loin de l'amiral, parce que celui-ci ne s'apercevra pas immédiatement des à-coups qui se produiront à distance. Le chassé sera alors forcé d'accepter le combat rapproché ou d'abandonner ses traînards à une perte certaine.

En résumé, le combat à distance constitue une équitable répartition entre l'attaque et la défense; il donne à l'une ce qu'il enlève à l'autre. Or, ce n'est pas ainsi qu'on fait la guerre : on attaque ou on se défend. Dans le premier cas, on déploie tous ses moyens offensifs, ce qui conduit à se rapprocher; dans le second cas, on développe tous ses moyens défensifs, ce qui conduit à fuir. C'est du moins ainsi que les choses se passent sur mer où les obstacles naturels n'existent pas; car, pour ce qui est de la protection artificielle constituée par la cuirasse, on ne peut la modifier à son gré, elle est ce qu'elle est. Si on cherche à la rendre plus efficace par la distance, on augmente la protection de l'adversaire d'une quantité équivalente. La guerre est obligée de subir des compromis dans les choses; mais elle ne s'accommode pas d'une cote mal taillée dans les actes.

On ne substitue pas impunément une distance linéaire à la vigueur et à l'élan de l'attaque.

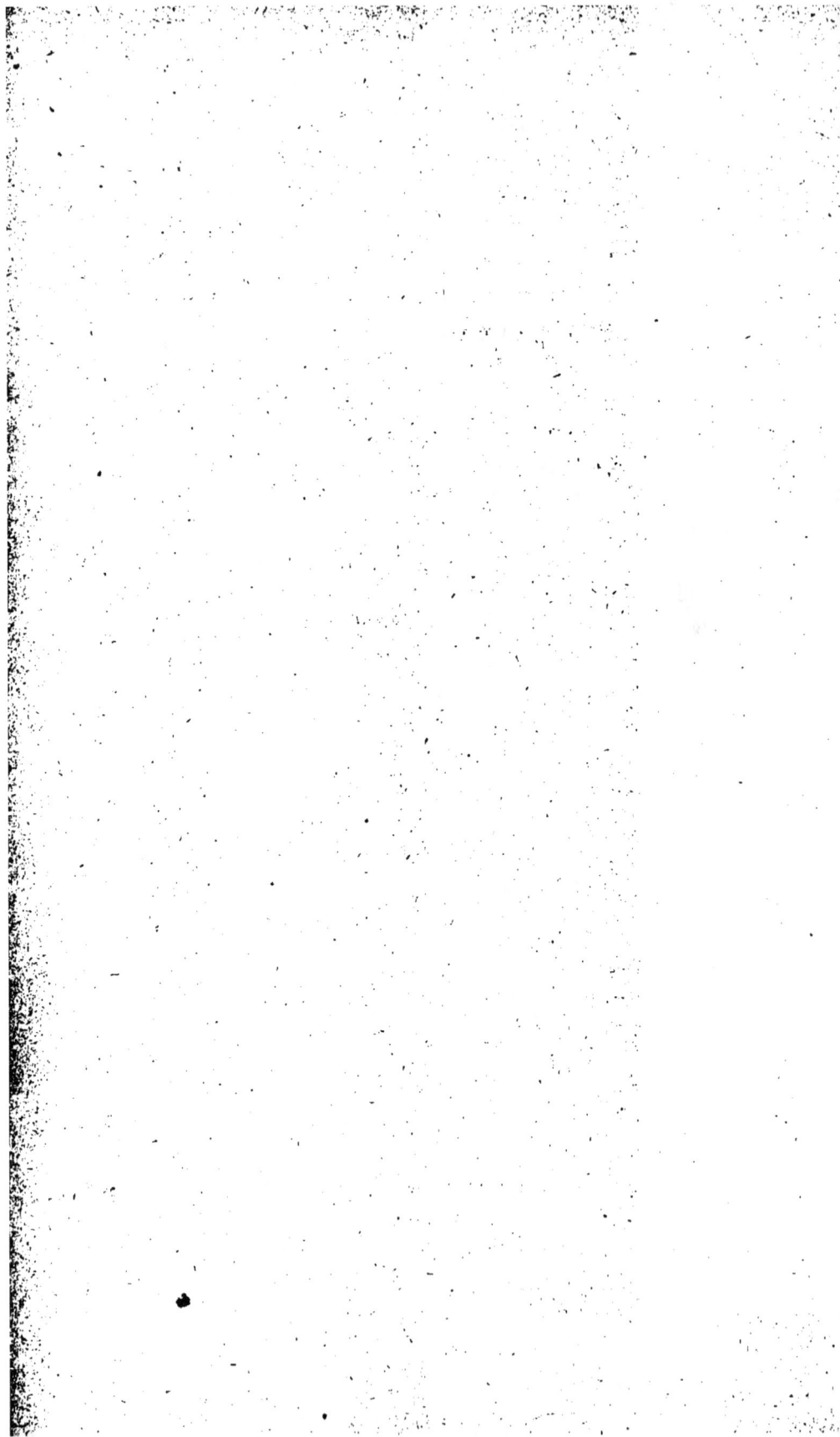

VI

L'ORDRE DE BATAILLE
ET LA POSITION DE COMBAT

———

On ne se bat pas sans ordre; d'où il résulte naturellement qu'il y a un ordre de bataille. C'est du moins une opinion qui est considérée comme un axiome.

Pour adopter un ordre, nous n'avons que l'embarras du choix. Depuis longtemps on discute à perdre haleine sur cette question. Les uns n'admettent que la ligne de file qui est souple et supprime les signaux: les autres préconisent la ligne de relèvement qui dégage le champ de tir et se manœuvre par mouvements tout à la fois; d'autres enfin tiennent pour les formations triangulaires. Chacun prône les avantages de son ordre de prédilection et s'étend avec complaisance sur les inconvénients des autres. Tous paraissent avoir raison, et les arguments qu'on développe sont d'autant plus probants que personne ne tient compte de ce que fera l'ennemi.

Si, de la théorie, nous passons à la pratique, nous voyons qu'à la bataille du Yalu, la ligne de file a été vainqueur de l'angle de chasse; mais, qu'au contraire, c'est l'angle de chasse qui, à Lissa, a battu la ligne de file. En remontant plus haut, on arrive à une constatation plus étrange encore; en plusieurs circonstances, le vaincu avait un ordre dans lequel il avait toute confiance, et on n'en trouve **pas trace** chez le vainqueur qui avait déjà **rompu les rangs** avant même d'être **arrivé à portée** de canon.

Où est la vérité? Car si l'amiral Ito s'est bien trouvé de la ligne de file, il a eu raison de l'adopter; et Tegethoff, qui a préféré l'angle de chasse, n'a pas eu tort.

Cependant, sans porter préjudice aux vainqueurs, nous pouvons remarquer que la ligne de file est quelquefois dangereuse, puisqu'elle a fait tomber la queue de l'escadre japonaise au milieu des bâtiments chinois, et que l'angle de chasse des Autrichiens n'aurait peut-être pas été aussi avantageux si les Italiens, après s'être concentrés, avaient présenté l'avant dans une formation quelconque. Les ordres adoptés dans les deux cas spéciaux dont nous parlons étaient donc appropriés aux circonstances, mais leur efficacité n'est pas absolue. Ce qui revient à dire que l'ordre de bataille n'a pas de valeur propre; il n'en a que pour ce qu'on en veut faire (1). Comme la tactique en général, dont il est un des éléments, l'ordre ne doit être que l'instrument d'une volonté; cette volonté poursuit un objectif, l'ordre de bataille doit le réaliser. Si le commandement doit subordonner ses desseins à l'utilisation d'un ordre plus ou moins séduisant, il devient son esclave, il n'a plus ses coudées franches pour faire ce qu'il veut.

Le seul avantage de l'ordre est de fournir une solution à celui qui, ne sachant quoi faire, se rabat sur des prescriptions officielles.

---

(1) Exemple : Si l'amiral veut s'éloigner ou se rapprocher de l'ennemi, la ligne de file est impropre : la nécessité de faire passer le dernier bâtiment dans les eaux du premier équivaut à une diminution de vitesse; les mouvements tout à la fois sont alors préférables. Au contraire, la ligne de file favorise les manœuvres enveloppantes, si on est assez adroit pour faire parer la queue de la ligne. A quelques instants d'intervalle, l'amiral peut donc être amené à se servir, soit de la ligne de file, soit des mouvements tout à la fois.

D'un autre côté, l'ennemi a la liberté de ses mouvements tant que, par une attaque à fond, on ne l'a pas immobilisé. Dans l'ignorance où l'on est de la façon dont il se **présentera**, n'est-il pas à craindre qu'un ordre immuable ne nous trahisse, si l'ennemi est assez mauvais joueur pour dérouter nos prévisions ?

En définitive, c'est moins l'ordre qui a de l'importance que la position relative des combattants ; car la belle ordonnance d'une escadre ne constitue pas une force par elle-même. De l'obligation d'établir une liaison entre les positions respectives des deux partis, nous tirons cette conclusion qu'il importe peu d'avoir un ordre de bataille ; tout l'effort doit tendre à donner à ses forces une position de combat favorable. D'ailleurs un ordre est toujours plus ou moins défensif, puisqu'il est déterminé par la position des bâtiments les uns par rapport aux autres, et non par rapport à l'ennemi.

L'ordre de bataille a eu ses jours de gloire. Lorsque deux adversaires emploient les mêmes moyens, il n'y en a pas moins un vainqueur, bien que, comme nous l'avons déjà dit, la ligne de file ait donné lieu à quantité de rencontres indécises. Aussi n'avons-nous pas à rechercher si un ordre est meilleur qu'un autre, mais si on ne doit pas attribuer plus d'importance à la position qu'occupent les bâtiments par rapport à l'ennemi qu'à l'ordre dans lequel ils sont formés.

Les premières flottes à voiles avaient adopté l'ordre de bataille en croissant. Pourquoi le croissant plutôt que la ligne ou toute autre formation ? Il est difficile de le dire. Ce que l'on sait seulement, c'est que cet ordre venait des galères, et les vaisseaux à voiles s'en emparèrent sans raison bien précise, sans doute parce qu'il existait ; de même que plus tard les vaisseaux mixtes prirent la ligne de file des flottes à voiles. C'est dans cet ordre que l'invincible Armada soutint le choc des Anglais. La flotte anglaise était moins nombreuse et très hétérogène. Sous la menace d'une invasion qui risquait de faire crouler son trône, la reine Élisabeth avait rassemblé tous les navires qu'on avait pu trouver, bâtiments de guerre, bâtiments de commerce, chaloupes. Avec des forces aussi disparates, le lord amiral Howard ne pouvait songer à adopter un ordre quelconque. Ce fut le salut de l'Angleterre ; car Howard employa un procédé bien plus efficace et, renonçant à l'ordre, il n'eut d'autre objectif que de concentrer ses efforts sur les points faibles de l'ennemi. Il jeta Drake et Seymour sur les deux cornes du croissant espagnol. Attaquées en forces supérieures, les ailes plièrent et se jetèrent en désordre sur le centre où régna bientôt une confusion inextricable. La débandade s'ensuivit ; l'invincible Armada n'existait plus.

A la suite de ce désastre, le prestige de l'ordre en croissant s'écroula et on n'en entendit plus parler (1). Mais il semble qu'à cette époque on ne discerna pas nettement la cause de la victoire des Anglais et qu'on l'attribua plutôt à l'impuissance de l'ordre qu'à la distribution que l'amiral anglais avait donnée à ses forces ; car, pendant plus d'un siècle, les batailles navales ne sont que des mêlées confuses. Au milieu de ce chaos, les brûlots faisaient rage ; pénétrant dans la mêlée à l'abri de la fumée, ils se jetaient impunément sur les vaisseaux ennemis qui étaient emprisonnés de toutes parts et ne pouvaient les éviter. Aussi arrivait-il que les brûlots consumaient amis et ennemis. On se rendit compte alors de l'inconvénient du désordre et on adopta de nouveau un ordre qui fut la ligne de file.

Pendant toute la durée de son règne, on voit bien de

_____

(1) Il serait plus exact de dire qu'on ne l'employa plus ; car on le trouve encore mentionné dans l'*Hydrographie* du P. Fournier, au dix-septième siècle.

temps en temps des amiraux rechercher une position de combat pour écraser une partie des forces ennemies, mais en essayant de l'atteindre à l'aide d'évolutions savantes pour ne pas rompre leur ordre, ils dévoilaient leurs projets et facilitaient la riposte. Nous ne retrouvons une position de combat nettement caractérisée qu'avec Suffren et Nelson, pour lesquels l'ordre n'est qu'un moyen, antérieur au combat, de tenir leurs forces en main pour les jeter ensuite sur l'ennemi dans une position déterminée.

Nous connaissons les vertus que l'on attribue au maintien permanent de l'ordre : on veut que le commandement ait constamment ses forces en main pour les diriger à son gré. C'est un idéal qui paraît impossible à réaliser pendant toute la durée du combat. On oublie trop souvent « qu'il est plus facile de déchaîner la tempête que de la diriger »; en sorte que le rôle du chef d'escadre consistera principalement à distribuer ses forces; après quoi il sera forcé de les laisser agir. Matériellement, les bâtiments paraîtront échapper à sa direction en ce qui concerne les belles manœuvres d'ensemble; moralement, son action se fera sentir bien plus puissamment que ne pourraient le faire les phrases toutes faites d'un signal, s'il a su pénétrer chaque capitaine de la ligne de conduite qu'il devra suivre. « La pensée du chef plane sur le champ de bataille (1). »

Le but à poursuivre est donc de distribuer ses forces de manière à les jeter en masse sur les points faibles de l'ennemi, pour lui porter dès le début un coup fatal. Pour atteindre cet objectif, il n'est pas nécessaire d'avoir *un ordre;* il suffit de manœuvrer *avec ordre.*

L'une des positions de combat qu'on recherchait volontiers dans l'ancienne marine consistait à placer une partie des bâtiments ennemis entre deux feux. Il y avait à cela

_____

(1) JURIEN DE LA GRAVIÈRE.

plusieurs raisons : un navire attaqué des deux bords ne pouvait faire servir toutes ses pièces par suite de l'insuffisance du personnel ; les coups d'embrasure prenaient les servants du bord opposé à revers ; enfin le champ de tir des pièces était trop restreint pour que deux bâtiments pussent concentrer leur feu sur le même but et du même côté. Aujourd'hui, la position entre deux feux permet de faire tirer un certain nombre de pièces qui ne tirent que d'un bord ; la protection de l'artillerie en casemate ou en tourelle fermée supprime les coups de revers ; enfin deux bâtiments qui encadreraient un troisième risqueraient de s'envoyer des coups perdus. Il semble donc préférable, quand on peut attaquer une extrémité en forces supérieures, de répartir les bâtiments sur deux côtés perpendiculaires. La forme en équerre n'a d'ailleurs rien d'absolu ; en réalité, il suffit que la position de combat épouse la formation ennemie, en laissant dégagé l'un des côtés.

Dans tout ce qui précède, nous avons supposé que l'ennemi avait gardé sa cohésion. Il est arrivé souvent que, avant même que le combat ne soit engagé, il se soit trouvé divisé en plusieurs fractions. Il ne faut pas hésiter alors à s'interposer dans le créneau qu'il laisse ouvert. On se met ainsi délibérément entre deux feux ; mais, si nous n'avons pas trouvé d'intérêt à placer les bâtiments ennemis dans cette position, c'est une raison de la rechercher pour les nôtres. Il existe toutefois une certaine prévention contre le combat des deux bords, à cause de l'effet moral qu'il produit. Cet effet dépend beaucoup de la distance de combat ; il ne sera pas le même pour un bâtiment serré de près qu'à grande distance. On peut d'ailleurs se trouver entre deux feux sans pour cela être à égale distance de chacun d'eux. De plus, il y a, à la guerre, des situations dont les conséquences sont différentes suivant l'état d'esprit qui anime chaque parti. Cette particularité est mise en relief par deux mouvements qu'on emploie fréquemment, dont l'un consiste à tourner l'ennemi et l'autre à le couper. Dans ce dernier cas, on recherche la position dans laquelle on voulait placer l'ennemi dans le premier. On ne saurait nier cependant que chaque manière de faire n'ait sa raison d'être, qui s'explique par le fait que, d'un côté, la manœuvre est *voulue* et que, de l'autre, elle est *subie*. Les manœuvres de guerre n'ont de valeur que par l'esprit qui les dirige et pénètre les combattants. Si on ne tient pas compte de cette considération, la critique s'égare.

Si donc on profite de la dispersion des forces ennemies pour les séparer définitivement, le mouvement, étant voulu, n'a pas de conséquences funestes au point de vue moral, et il permet de mettre en jeu un certain nombre de pièces qui, sans cela, resteraient inactives. On devra alors porter tout l'effort sur le corps principal; en s'attaquant à la fraction la plus faible (comme on a une tendance à le faire), on laisse au gros des forces la faculté de venir à la rescousse. Au contraire, si la portion qui se trouve en l'air est trop inférieure pour songer à se maintenir dans le voisinage des forces ennemies, elle commencera d'abord par s'éloigner. Si l'affaire est compromise, elle quittera définitivement le champ de bataille; si la victoire reste indécise, elle s'efforcera de rallier par un long détour. On aura alors le temps de réduire le corps principal.

A la bataille du Yalu, les forces chinoises se trouvèrent fractionnées dès le début. L'amiral Ito fractionna également les siennes; et cette manœuvre ne paraît pas avoir eu d'avantages évidents (1).

Il existe un moyen, lorsque l'ennemi ne donne pas prise sur lui, de le forcer à diviser ses forces: c'est de passer au

---

(1) Voir, au sujet de la division des forces, la manœuvre de Jervis à Saint-Vincent qui est un modèle du genre.

travers. Nous ne nous y arrêterons pas parce qu'il est admis que l'éperon et la torpille rendent cette opération inexécutable.

On ferait bien de ne pas trop s'y fier. Rien ne prouve qu'une ligne, prise de flanc par une force compacte, ne s'ouvrira pas pour lui livrer passage, par le fait seul de la pression que la masse exercera sur un point. Toutefois, il y a là une inconnue qu'un chef responsable peut seul dégager.

VII

DE LA PÉRIODE DE RAPPROCHEMENT

Après avoir dégagé le terrain, nous pouvons passer aux différentes phases du combat. Nous sommes ainsi amené à parler tout d'abord de la période de rapprochement, qui s'étend depuis la prise de contact jusqu'au moment où on aura pris la position de combat.

La plupart de ceux qui ont étudié les questions maritimes ont attribué à cette phase une importance qui en fait le combat lui-même. Les idées qui ont cours à ce sujet peuvent se résumer de la façon suivante : lorsqu'une force navale rencontrera l'ennemi, elle commencera par échanger avec lui quelques passes préliminaires dans le but de tâter sa force de résistance; la lutte se poursuivra ainsi jusqu'à ce que, ayant acquis un commencement de supériorité, on cherchera un avantage définitif en s'engageant à fond.

Cette théorie est si répandue que nous la trouvons appliquée même dans l'attaque des batteries de côte (1). Elle

---

(1) Voici ce qu'on lit dans un opuscule intitulé : *Des Opérations maritimes contre les côtes et des débarquements* (par M. D. B. C.) : « Si, dans ce combat, à 5.000 ou 4.000 mètres, le feu de la batterie est conduit avec habileté et rapidité, il pourra très bien arriver que le navire

répond à la préoccupation de pouvoir se retirer à temps ou de ne s'engager qu'à coup sûr.

Si cette manière de procéder réalise le but qu'on se propose, il n'y a aucune raison de ne pas l'adopter; sinon il faut la répudier, parce qu'elle peut conduire à un résultat diamétralement opposé à celui que l'on cherche.

Pour élucider cette question, nous avons deux éventualités à envisager : l'engagement tourne contre nous, et nous nous retirons; ou bien il nous est favorable et nous faisons un pas en avant.

Qu'on ne s'y trompe pas : ce serait se leurrer que s'imaginer qu'on sera libre de quitter le champ de bataille à son heure; il faut en rester maître ou abandonner des trophées. Les retraites en bon ordre n'existent, dans la marine, qu'avec le consentement de l'adversaire. Dans ce cas, il n'y a ni vainqueur ni vaincu; chacun se retire d'un commun accord. Ce n'est pas ce genre de combat (si commun à une époque) qui nous occupe; il ne conduit à rien. Quand on se bat sérieusement, on est bien obligé d'admettre que, si l'un des combattants cède le terrain parce qu'il est déjà éprouvé par le feu, l'autre voudra l'en empêcher. Dès lors, nous retombons dans le combat en retraite, avec cette circonstance aggravante que le chassé est déjà dans une situation précaire. La période de tâtonnement n'aura servi qu'à pré-

---

subisse des avaries assez sérieuses pour renoncer au combat. Dans le cas contraire, et si la batterie a été éprouvée par le tir du navire, ce qu'indiquera le ralentissement de son feu, le navire se rapprochera pour tenter l'attaque décisive et viendra se placer à une distance moindre, 3.000 à 2.500 mètres. Le tir du navire deviendra plus précis, car la batterie sera alors nettement visible... » Tout cela est fort juste; mais alors, pourquoi le navire s'attarderait-il dans une position où il n'a que de mauvais coups à recevoir sans avoir de chances d'en donner, au lieu de se rapprocher le plus tôt possible à 1.000 mètres. C'est un nigaud, ce bâtiment; s'il ne veut se battre que sous condition, il n'a qu'à ne pas venir.

parer un désastre. Si on ne croit pas pouvoir se battre avec
succès, il faut essayer de s'échapper aussitôt que l'ennemi
est signalé; mais dès qu'on aura mis le pied sur le champ
de bataille, *on se trouvera pris dans un engrenage* et il faudra
faire tête.

Passons à la deuxième supposition. On a échangé beaucoup d'obus, le feu de l'ennemi paraît se ralentir; alors,
mais alors seulement, on songera à pousser plus loin ce premier avantage. Mais à la guerre, les avantages ne s'obtien-
nent pas tout seuls; il faut les conquérir à force d'énergie;
or on ne voit pas ce qui nous donnerait ce premier avantage
puisque, de parti pris, nous nous tenons sur la réserve. Ce
ne peut être que *le coup heureux* dont on entend parler si
souvent, l'obus qui, frappant normalement au ras de la
flottaison, paralysera un cuirassé de 15.000 tonnes.

Qui recevra le coup heureux? Nos bâtiments ou ceux de
l'adversaire? Le sort en décidera. Si on ne possède pas une
base plus solide, on n'ira pas au feu de bon cœur. Le hasard
aura toujours une part dans les opérations de la guerre,
mais, en principe, on ne peut compter que sur soi-même.
Qu'on tire profit de tout ce qu'il nous offre, rien de mieux;
mais qu'on évite de compter sur lui; il trahit toujours ceux
qui lui confient leurs destinées et ne favorise que les gens
qui sont capables de se passer de ses services.

Par ailleurs, les effets du hasard dépendront beaucoup
du champ qu'on lui abandonnera. Il faut donc réduire au
minimum le temps pendant lequel son action se fera sentir
indifféremment sur l'une ou sur l'autre des forces en présence; ce qui conduit à diminuer le plus possible la période
de rapprochement, pendant laquelle on ne peut pas imposer
sa volonté à l'adversaire.

Évoluer serait inopportun. Dans une partie qui se joue
à découvert, comme un combat naval, il n'y a que la rapidité et l'impétuosité de l'attaque qui permettent de devan-

cer l'ennemi et l'empêchent de préparer la riposte. En s'attardant à prolonger la période de tâtonnement, on lui laisse le temps de réfléchir et de prendre lui-même l'offensive. De plus, dès que le feu sera ouvert, les drisses de signaux seront coupées, les avaries commenceront, les capitaines, enfermés dans les blockhaus, ne pourront plus faire de manœuvres précises. Si la situation se prolonge, l'eau que l'état de la mer ou le roulis fera embarquer par les brèches deviendra gênante, des bâtiments seront forcés de ralentir; dans ces conditions, les manœuvres savantes ne feraient qu'accentuer le désordre qui ne tardera pas à se mettre dans la formation. Quelques mouvements simples, prévus et étudiés à l'avance, seront seuls possibles; ils serviront à amener les bâtiments jusqu'à portée de canon efficace de l'ennemi et dans la position qui paraîtra à l'amiral la plus favorable. C'est à ce moment que se révéleront les qualités du commandement; de la façon dont il saura placer ses forces dépendra le sort de la bataille.

Voilà le but à atteindre; mais autant il est facile à définir, autant il est difficile à réaliser. Il serait cependant dangereux de vouloir pénétrer plus avant le mystère du champ de bataille; nous sommes arrivés au moment critique où la situation seule inspire des résolutions. Avant d'entrer en contact avec l'ennemi, l'amiral saura sans doute ce qu'il veut faire; mais il ne saura pas encore comment il le fera. L'ennemi seul par ses dispositions déterminera sa ligne de conduite.

Au point où nous en sommes, la tactique ne peut plus que faciliter à l'amiral l'exécution de sa pensée; elle est impuissante à lui dicter cette pensée.

***

Il importe d'établir une distinction bien nette entre la période de rapprochement qui constitue la présentation au combat et le combat lui-même.

Pendant la première phase, le feu n'est pas ouvert; on n'est pas troublé par le tir de l'ennemi. On dispose donc de tous ses moyens et il n'y a aucune raison de ne pas s'en servir. Il sera donc possible de manœuvrer, et, sauf la nervosité qui résultera du voisinage de l'ennemi, les manœuvres ne présenteront pas de difficultés particulières.

Pendant la deuxième phase au contraire, on n'aura plus la disposition des compas; les drisses de signaux seront coupées; le personnel de la timonerie sera à l'abri. On ne songera plus à manœuvrer. Le voudrait-on, on ne le pourrait pas.

Aussi bien, on manœuvre ou l'on combat; on ne manœuvre pas en combattant; car les manœuvres, seraient-elles possibles, dérégleraient le tir.

Il est donc absolument inutile de prévoir une tactique sans signaux; car, tant qu'on n'est pas contrarié par le feu, il n'y a aucun intérêt à se priver des signaux; et lorsqu'il deviendra impossible de faire des signaux, il sera également impossible de faire des manœuvres.

Cependant, la recherche d'une tactique sans signaux montre qu'on ne fait pas de distinction entre la présentation au combat et le combat; et il semble que nous prétendions virevolter sous le nez de l'ennemi sans nous préoccuper de la tempête qui sera déchaînée.

Cette erreur pourrait nous occasionner des surprises désagréables et l'on ne voit pas ce qui a pu lui donner naissance. Pendant les combats de la guerre russo-japonaise, les Russes n'ont jamais manœuvré; tout au plus ont-ils fait des changements de route par la contre-marche. Les Japonais, au contraire, soit dans la journée du 10 août, soit dans celle de Tsushima, ont fait, à plusieurs reprises, des mouvements tout à la fois; mais il semble hors de doute que ces mouvements ont toujours été exécutés pendant des suspensions de feu, alors que, par suite des incidents du combat, les adversaires se trouvaient momentanément séparés. On n'est donc pas en droit de faire état de ces évolutions, et il est plus prudent d'admettre que, comme dans les combats terrestres, une force qui est sérieusement engagée ne peut faire autre chose que de tenir tête à l'ennemi.

*
* *

On s'imagine volontiers que les combats s'engageront toujours de la même façon, les deux forces s'avançant l'une vers l'autre, et que, de ce fait, celles-ci seront amenées à faire les mêmes mouvements puisqu'elles se trouveront dans des positions identiques qui détermineront des nécessités communes. On peut objecter qu'il est rare qu'on se rencontre sur une même idée et que, comme conséquence, les premières manœuvres auront tôt fait de détruire la symétrie des positions initiales. De plus, la guerre crée à chaque parti des objectifs différents qui influent sur la manière dont on se présentera sur le champ de bataille.

A Lissa, l'objectif de l'amiral italien qui était la prise de l'ile a eu son contre-coup sur la distribution de ses forces. Au Yalu, le débarquement des troupes a provoqué la séparation des forces chinoises. A Cavite, la faiblesse des bâtiments espagnols a imposé à l'amiral Montojo un combat au mouillage à l'abri des forts, alors qu'à Santiago la même considération a eu pour conséquence un combat en retraite. Dans les journées du 10 août et de Tsushima, l'attitude passive des Russes a permis aux Japonais de se présenter au combat sans être obligés de tenir compte des mouvements de l'adversaire et cette attitude était une conséquence de la préoccupation d'aller à Vladivostok. Nous ne voulons pas dire que les solutions adoptées dans ces divers cas étaient les meilleures qu'il fût possible de prendre; il n'en est pas moins vrai que des circonstances semblables peuvent se présenter qui enlèveront au combat un point de départ uniforme.

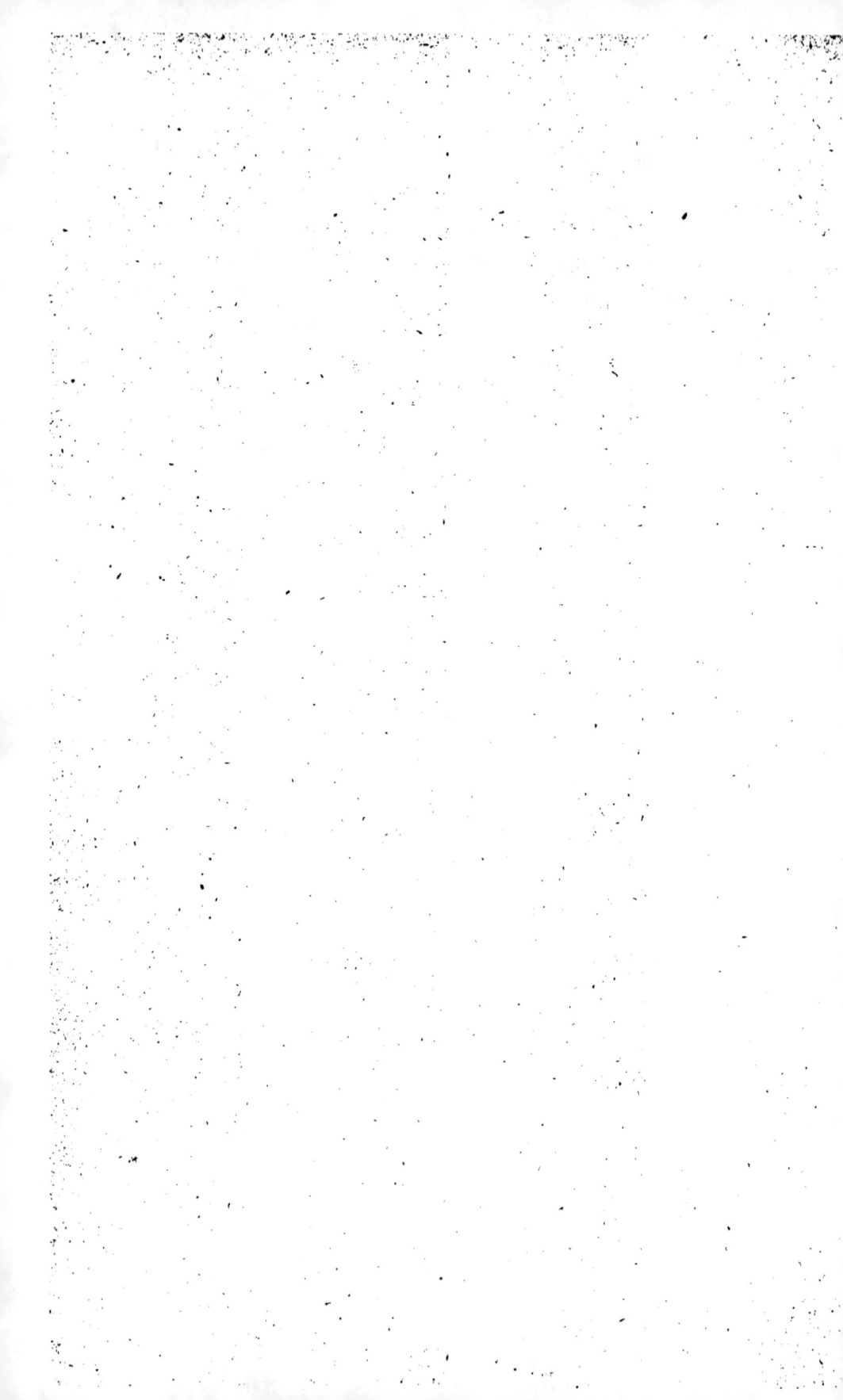

VIII

DU COMBAT

———

Évoquons d'abord le spectacle d'un combat singulier. Les deux navires s'avancent l'un vers l'autre. Lorsqu'ils arrivent à bonne portée, le feu est ouvert.

Le tir est d'abord lent; de chaque côté on tâte le but. Les coques sont encadrées par les obus. Comme elles se présentent en pointe et que la distance varie rapidement, la précision du tir reste incertaine.

A ce moment encore, le commandant reste maître de son vaisseau et de ses hommes; l'officier canonnier commande réellement à ses pièces; les gradés ont leur personnel en main. Aucune défaillance ne s'est produite et nous nous trouvons dans les conditions prévues du branle-bas de combat. La seule différence se révèle dans l'attitude de chacun :

Les officiers s'efforcent de rester calmes. Ils donnent des ordres lentement, mais leur voix est un peu voilée. Les sous-officiers font bonne contenance; habitués aux situations critiques de la navigation, ils ont foi dans le commandement et remontent le moral des hommes par ces phrases brèves et imagées qui caractérisent les gens de mer. Les matelots sont pâles; leur physionomie trahit leur angoisse; leurs yeux courent alternativement du bâtiment ennemi à leurs officiers. Ramenés brutalement à la réalité par les commandements, ils obéissent machinalement; leurs corps se déplacent comme des automates, par la force de l'habitude.

Dans les fonds du bâtiment règne une grande surexcitation. Les mécaniciens crient fort pour couvrir le bruit des machines; les chauffeurs jettent nerveusement des pelletées de charbon sur les grilles; cet effort les soulage.

Cette situation ne dure qu'un instant. Bientôt les bâtiments arrivent à portée de canon meurtrière et prêtent le flanc pour dégager le tir de toutes leurs pièces. Alors la tempête se déchaine. Tous les canons tirent; tous les coups portent. Les obus s'abattent sur la muraille cuirassée comme la grêle sur une vitre, terrorisant les hommes des soutes qui s'imaginent que le navire s'effondre. Les superstructures sont hachées; les débris de tôle volent de tous côtés, découpant au passage des lambeaux de chair; des cadavres déchiquetés encombrent les passages; des hommes paralysés par la peur se tapissent dans les coins, les yeux fixant la mort, la respiration arrêtée. Dans les casemates, dans les tourelles, le tir fait rage. Les servants précipitent inutilement leurs mouvements pour s'étourdir; à grand'peine, les officiers et les seconds-maîtres parviennent à empêcher les chefs de pièce de tirer au hasard, les yeux fermés.

Sur le pont, la confusion est extrême. Le bruit du canon couvre tout. Il n'est plus possible de donner aucun ordre; les communications sont arrêtées, les unes par les avaries, les autres par le vacarme. Le commandant, qui s'était d'abord enfermé dans le blockhaus, a été obligé d'en sortir pour mieux voir; impuissant à se faire entendre, il ne dirige plus son vaisseau que par des gestes vagues qui sont recueillis tant bien que mal par l'officier de manœuvre et transmis de la même manière à l'homme de barre. Le bâtiment n'obéit plus que par mouvements saccadés comme un ataxique.

Au milieu de ce déclanchement de tous les éléments, les

avaries se multiplient, des pièces sont démontées, des compartiments sont envahis par l'eau. Le dénouement est proche.

Alors on verra l'avantage se dessiner nettement en faveur du bâtiment qui, le premier, aura pu prendre la supériorité du feu. Pour la troisième fois, la physionomie du combat se modifiera.

D'un côté, le commandement, désespérant du succès, tombera dans l'hésitation; il songera à sauver les débris de sa fortune; la direction deviendra incertaine; l'artillerie, précipitant son tir pour rattraper l'avantage, gâchera ses munitions; les officiers seront impuissants à diriger leurs hommes.

De l'autre côté, le spectacle sera tout différent. Au début de l'action, le courage n'est soutenu que par un effort de la volonté qui enlève à chacun une partie de ses facultés; mais aussitôt qu'on éprouve l'impression que l'ennemi commence à céder, une détente se produit; la confiance succède à l'appréhension. Chacun reprend son sang-froid; le combat devient alors plus méthodique. Tel un homme qui précipite ses brasses lorsqu'il tombe à l'eau par surprise et nage ensuite avec lenteur lorsqu'il a repris ses sens, chaque chef de pièce, après avoir tiré à outrance pour se protéger, ne fera plus qu'un tir de précision aussitôt qu'il se sentira maître de la situation. Tout le monde reprendra son assiette; dès lors la victoire est assurée.

Envisageons maintenant le combat d'escadres sous sa forme la plus simple : deux forces navales engagées sur deux lignes parallèles, chaque bâtiment prenant pour objectif un bâtiment de la ligne opposée. Ce n'est pas là une supposition gratuite; l'histoire nous fournit de nombreux exemples de ce genre.

Il semble alors que le combat d'escadres doive se composer d'une série de combats particuliers, et que là fortune ne sera pas partout la même. Vainqueur sur un point, on pourra être vaincu sur un autre, parce que, dans une force nombreuse, tous les bâtiments n'ont pas la même valeur et ne trouvent pas toujours en face d'eux un adversaire de même puissance. Le vainqueur devrait donc être, en définitive, celui qui aura éprouvé le moins de pertes.

Eh bien ! ce n'est pas ainsi que les choses se passent. Seul, le vaincu perd ou abandonne des vaisseaux; et ceux du vainqueur sont généralement moins éprouvés.

Est-ce donc qu'il y a toujours entre les combattants une grande différence, au double point de vue du matériel et du personnel? Nullement; on a vu le vainqueur d'un jour être le vaincu du lendemain.

Cela tient à ce que, entre les bâtiments d'une même force navale, il existe un lien qui les relie ensemble. Lorsque ce lien vient à se rompre, il est impossible d'en rattacher les bouts. Que, dans un combat, un premier avantage soit acquis à l'une des extrémités du champ de bataille, il a aussitôt une répercussion sur toute la ligne. La victoire, partie d'un point, se propagera partout, ranimant le courage des uns, faisant perdre aux autres le bénéfice acquis. Dès que les bâtiments d'une escadre aperçoivent une défaillance chez quelques-uns des leurs, ils ne se battent plus avec la même ardeur; ils sentent que leur situation est compromise. Leurs adversaires, au contraire, savent que bientôt ils recevront du renfort et rien ne peut plus leur faire lâcher prise.

Quelquefois, il a suffi d'une manœuvre mal exécutée, d'un engorgement partiel pour provoquer une rupture de l'équilibre des forces. Un ou deux vaisseaux restent disponibles qui, joignant leurs efforts à ceux de leurs voisins, exercent une pression irrésistible. Alors, sur un coin du champ de bataille, la situation est acquise d'un côté, perdue de l'autre. Il n'en faut pas plus pour décider du résultat.

Si maintenant nous envisageons le combat entre deux armées navales dans lesquelles on ne se préoccupera pas d'opposer une ligne à une ligne, vaisseau à vaisseau; si, entre ces deux forces, la fissure initiale est déterminée, non plus par un incident quelconque, mais par une manœuvre tactique qui annihile d'un seul coup la résistance sur un point; si, de plus, ce point est judicieusement choisi, alors la victoire sera plus prompte et coûtera moins cher.

Le problème se pose donc de la façon suivante pour chaque navire : réduire l'adversaire immédiat dans le moindre temps pour secourir les amis et annuler l'efficacité des retours offensifs.

Théoriquement, la meilleure solution consiste à couler les bâtiments, en visant la flottaison avec des obus de rupture. C'est une méthode qui a été longtemps en honneur; car on ne peut expliquer que par l'attrait d'atteindre les œuvres vives la prépondérance accordée pendant longtemps au gros calibre sur le moyen, à une époque où précisément l'artillerie n'était pas protégée. Cette prépondérance est même devenue un monopole sur toute une catégorie de bâtiments qui n'ont qu'une ou deux grosses pièces (1).

La conception du tir à couler bas est séduisante; c'est aussi la plus difficile à réaliser. La flottaison étant l'endroit le plus sensible d'un bâtiment, on y a accumulé la plus grande partie des défenses. L'attaquer, c'est vouloir enlever une position de front.

Ceux qui ont prôné cette méthode ont confondu le polygone de tir avec le champ de bataille. Pour atteindre une bande de 30 centimètres de haut, il faut une précision de tir qui exige des données mathématiques; il faut que le pointeur ne soit pas émotionné par la lutte; il faut que le but

---

(1) Par une singulière anomalie, tandis qu'on concentrait toute la force d'un bâtiment dans deux grosses pièces, on mettait leur fonctionnement à la merci d'un projectile de 14^{cm} ou de 10^{cm}. Sous ce rapport, les premiers garde-côtes du type *Tonnerre* étaient plus logiques que les suivants, car leurs pièces étaient en tourelle fermée.

soit immobile. De plus, les canons de 50 tonnes ne sont pas assimilables à des carabines de tir, et la dimension du but doit être proportionnée à la précision balistique des pièces; en sorte que les chances d'atteindre la flottaison sont fonction du nombre de coups tirés, et comme le chargement est d'autant plus lent que les pièces sont plus grosses, il faudra du temps, et un temps très long, pour avoir un coup au but.

Tout cet ensemble d'opérations ne présenterait aucune difficulté si l'ennemi n'offrait qu'une cible immobile et passive, mais il n'en est pas ainsi. Bien loin d'essuyer les coups sans riposter, il se défendra avec énergie; et pendant que nous nous attarderons à faire un tir de précision en cherchant le défaut de sa cuirasse, il nous canonnera en pleine tôle et démontera nos pièces. On doit donc commencer par éteindre son feu.

Il est vrai que, à part les garde-côtes qui forment une fraction importante de notre puissance navale, nos cuirassés ont une artillerie de moyen et de petit calibre. C'est pour l'utiliser qu'on vit apparaître la théorie de la division du travail.

Pour obtenir le rendement maximum, nous dit-on, il faut que chaque pièce remplisse le rôle qui est le plus favorable à son utilisation, relativement au travail qu'elle est capable de développer. Par conséquent, la grosse artillerie, qui est puissante, se consacrera au tir de rupture; la moyenne détruira les œuvres mortes et la petite s'attaquera au personnel.

Le raisonnement est spécieux. Non pas que le principe de la division du travail soit faux, mais il n'est bon que lorsqu'il est applicable. Or, l'est-il dans le cas actuel?

Ce que nous voulons, c'est arracher à l'ennemi l'arme avec laquelle il nous meurtrit. Quand nous y serons parvenus, il ne sera plus qu'une épave flottante, qu'une torpille, un obus tiré à bout portant ou un coup d'éperon achèvera. Nous abandonnons donc notre objectif en assignant à la grosse artillerie un rôle qui s'écarte du but à atteindre, et l'appoint qu'elle pourrait nous donner nous fera d'autant plus défaut que la moyenne artillerie a été distribuée plus parcimonieusement sur nos bâtiments de combat. En poursuivant deux ou trois objectifs à la fois, nous risquons de n'en atteindre aucun ; nous sacrifions, il est **vrai,** au principe sacro-saint de la division du travail, mais au détriment de nos intérêts. N'est-ce pas également satisfaire à ce même principe que de désarmer l'ennemi d'abord, de le couler ou de l'amariner ensuite ? C'est peut-être moins mathématique ; c'est plus militaire.

En attribuant à l'artillerie la plus lente une cible qui a l'épaisseur d'une ligne géométrique, on perd la plus grande partie des projectiles et le rendement est très faible ; en sorte que, du principe de la division du travail, il ne reste que la carcasse.

Le tir à couler bas est une manifestation de l'influence des anciens errements. Du temps des vaisseaux à voiles, les Français s'obstinaient à tirer dans la mâture ; aujourd'hui ils veulent atteindre la flottaison. Nous avons ainsi substitué une ligne horizontale à une ligne verticale ; dans les deux cas, nous avons pris le parti le plus difficile. Les Anglais, eux, ont toujours tiré en pleine coque ; ils s'en sont bien trouvés. Pourquoi vouloir nous entêter dans un système qui n'a jamais donné que des déboires ?

Nous emploierons donc tous nos moyens à éteindre d'abord le feu de l'ennemi, à le désarmer. C'est alors que se fera sentir toute l'importance de la rapidité de tir.

Les avantages de l'artillerie à tir rapide ont été longtemps contestés. Il paraît évident cependant qu'à nombre de pièces égal une plus grande rapidité de tir équivaut à une augmentation proportionnelle du nombre de pièces, et que la supériorité ne fait que s'accentuer à mesure que le feu produit son effet. Les adversaires du tir rapide ne nient pas ces avantages; mais ils craignent un gaspillage de munitions qui viderait les soutes en peu de temps et livrerait le bâtiment sans défense. Cette appréhension est justifiée à condition qu'au moment où le besoin de munitions se fera sentir, l'ennemi ait encore des pièces pour tirer; sans quoi, les obus qui resteront en soute ne lui seront d'aucun usage.

La rapidité de tir donne une *force* et elle crée un *écueil*. On ne doit pas se priver bénévolement de la force pour éviter l'écueil, mais rechercher une autre solution consistant à garder la force et à éviter l'écueil.

Il y a plusieurs moyens d'atténuer le gaspillage des munitions. Le premier est de ne commencer le feu qu'à bonne portée et de se rapprocher à une distance telle que tous les coups portent au but; un second est d'avoir une bonne discipline du feu; un troisième enfin est d'augmenter l'approvisionnement des pièces, et de remplacer par des projectiles le poids mort de ces constructions baroques qui, sur nos bâtiments, menacent le ciel et rappellent une époque où l'artillerie n'existait pas encore (1).

La puissance du feu est le meilleur auxiliaire du commandant; il faudra une quantité innombrable de projectiles *allant au but* pour éteindre le feu de l'ennemi; elle seule est capable de la fournir (2). Il ne sera pas nécessaire d'ailleurs

---

(1) La question de l'approvisionnement en munitions est une des plus poignantes que fasse naître le matériel moderne. Tout le monde se rend compte de la situation critique dans laquelle se trouverait une force navale qui manquerait de munitions sur le champ de bataille; mais on ne se préoccupe pas assez de l'influence morale qu'une insuffisance d'approvisionnement exercera sur l'esprit du commandement qui sera amené de ce fait à prendre, dès le principe, des déterminations fâcheuses. (Témoin la rentrée de Bazaine à Metz.)

(2) Au bout de quelques minutes, le pointeur d'une pièce à tir rapide aura la vision obscurcie; il verra *flou*. L'armement doit donc comprendre plusieurs pointeurs qui se succéderont à la culasse sans interruption.

de démonter, un à un, tous les canons et tous les postes de
visée d'un bâtiment pour le rendre impuissant : sous la pluie
de fer qui s'abattra sur lui, les coups d'embrasure se multi-
plieront ; et, en dehors du coup fatal qui, traversant la cuirasse, immobilisera définitivement une pièce, une quantité
d'organes cesseront de fonctionner. Une circulaire faussée,
un sabord obstrué par des débris de tôle, un monte-charges
avarié, un pointage bloqué, un mécanisme cassé, toutes ces
avaries, dont quelques-unes sans importance, n'arrêteront
le tir qu'un instant, et suffiront pour créer un arrêt momen-
tané du feu. Aux atteintes du matériel s'ajouteront les
blessures du personnel. Il se produira alors une éclaircie, un
répit de quelques instants, une occasion fugitive dont on
profitera aussitôt pour employer les grands moyens. On se
rapprochera encore de manière à frapper à bout portant la
flottaison ; on lancera un torpilleur à l'assaut, s'il s'en
trouve dans le voisinage ; on tentera soi-même de la torpille, si le délabrement de la coque indique que les postes de
visée sont démolis ; on aura enfin la ressource suprême de
l'éperon, si l'occasion est favorable.

Généralement il ne sera pas nécessaire d'en arriver à cette
extrémité. On suppose volontiers que le combat durera tant
que le bâtiment flottera, tant qu'il restera à bord un projectile, un canon pour tirer le projectile et des hommes pour
manœuvrer la pièce. C'est faire peu de cas de l'épuisement
physique de l'équipage, de son état d'énervement ; c'est
négliger le côté moral dont l'importance est telle, sur le
champ de bataille, qu'on peut dire que le feu agit bien plus
par son intensité que par sa précision. Étudiez par le menu
les combats les plus acharnés et, en particulier, celui du
Cochrane et du *Huascar*. N'a-t-on pas l'impression, en lisant
ces récits, qu'au milieu de l'action, on ne pourra pas demander aux tireurs la précision de pointage qu'exigerait la division des objectifs ; on ne pourra faire autre chose que tirer

dans le tas. Les meilleurs pointeurs seront dans une situation analogue à celle des bons élèves qui, lorsqu'ils se présentent aux examens, ont leurs facultés amoindries ; et tout ce que l'on peut dire, c'est que les bons pointeurs, tout en tirant mal, tireront mieux que les autres. En tout cas un fait indéniable, c'est que, dans un combat, le dénouement arrive toujours avant que le vaincu n'ait épuisé ses moyens de défense et n'ait perdu la moitié de ses hommes ; il suffit d'obtenir une supériorité marquée au début de l'action pour décourager l'adversaire qui renonce bientôt à continuer une lutte sans issue.

Pour que des bâtiments puissent donner l'effort surhumain qui, seul, assure la victoire, il ne faut pas que les combattants soient obsédés par la préoccupation d'avoir à repousser des contre-attaques.

C'est le rôle des réserves d'écarter les gêneurs.

IX

DES RÉSERVES

L'utilité des réserves est contestée. Parmi ceux qui en sont partisans, l'entente n'existe ni sur ce qu'on doit en faire, ni sur le type des bâtiments qui doivent les composer.

Une opinion fréquemment émise est la suivante : lorsque le combat battra son plein, l'arrivée d'une troupe fraîche décidera du sort de la journée.

Ce principe est discutable; il est vrai ou faux suivant les circonstances.

Supposons d'abord qu'au moment de l'entrée en scène d'unités nouvelles, le parti auxquelles elles appartiennent ait déjà été battu. Rien ne prouve que la réserve, se mesurant avec des bâtiments enflammés par la victoire, rétablira le combat; et il est inadmissible que cette même réserve assiste impassible à l'écrasement de ses propres forces. Si l'ennemi est inférieur en nombre, la constitution d'une réserve lui offre sa seule chance de salut, en lui permettant d'opposer toutes ses forces à des fractions de celles de l'ennemi, et de les battre en détail.

Supposons maintenant que la victoire reste indécise, ou penche du côté de celui qui s'est ménagé un soutien. Il n'est pas douteux que l'arrivée de celui-ci contribuera à achever l'œuvre déjà commencée; mais la question se pose de savoir si le même résultat n'aurait pas été obtenu à meilleur compte, et plus complètement, en engageant tous les bâtiments dès le début, de manière à briser d'un seul coup la résistance de l'ennemi.

Dans un cas comme dans l'autre, l'efficacité des réserves n'est pas manifeste.

Lorsque des flottes nombreuses se rencontreront, on sera sans doute conduit à amener les bâtiments sur le champ de bataille par groupes successifs pour donner au combat une orientation déterminée, dans laquelle les divers groupes concourront à une action commune. Les navires qui arriveront les derniers ne formeront pas à proprement parler une réserve; leur retard à entrer en ligne sera de courte durée et ne dépendra que de la sûreté de jugement et de la rapidité de décision du commandement.

La constitution d'une réserve qui se tiendrait en dehors du champ de bataille est une conception qui s'inspire évidemment des combats de troupes. Il serait trop long d'étudier ici la différence qui existe sur ce point entre les opérations de terre et celles de mer. Bornons-nous à dire que les réserves des armées ont pour but de pratiquer *l'économie des forces* et que ce principe n'est pas applicable aux bâtiments, à cause de la différence des milieux.

On a proposé de former une réserve avec les croiseurs cuirassés. C'est un moyen de les utiliser. Trop frêles pour essuyer le feu des cuirassés au début d'une action, ils seraient destinés à achever les blessés. Cette mission conviendrait mieux aux garde-côtes, car ce sont les grosses cuirasses qui résisteront le plus longtemps, et les croiseurs n'ont pas de moyens suffisants pour les percer.

Qu'il s'agisse de croiseurs ou de garde-côtes, leur utilisation comme corps de réserve ne découlerait plus, dans le cas actuel, d'une nécessité tactique, mais de la préoccupation de donner un rôle à ces bâtiments.

Ce serait une erreur de croire qu'on ne trouve pas trace de

l'emploi rationnel d'une réserve dans les combats navals. On sait que Villeneuve, avant Trafalgar, avait constitué une escadre d'observation qui devait se tenir au vent de la ligne, de manière à pouvoir secourir rapidement le point attaqué. De l'avis de critiques distingués, c'était la seule façon de riposter à l'attaque de flanc des Anglais que Villeneuve avait prévue avec un sens marin dont on ne lui tient pas assez compte (1).

Nelson avait projeté de livrer cette même bataille en divisant ses forces en deux colonnes; tandis que la première (la plus nombreuse) formerait la masse sous la direction de Collingwood, Nelson, avec la seconde, devait la mettre à l'abri des retours offensifs.

Nous voyons donc l'idée d'une réserve se manifester sous deux formes différentes dans un même combat. La première conception, celle de Villeneuve, se justifiait par la position de son armée sous le vent, ce qui l'obligeait à recevoir l'attaque et à attendre qu'elle se fût dessinée. Elle peut encore trouver son application aujourd'hui. On conçoit qu'on place en seconde ligne un corps de réserve, destiné à renforcer immédiatement le point sur lequel l'ennemi portera principalement son effort; mais il est préférable d'imposer à l'ennemi sa volonté plutôt que de subir la sienne. Nous ne retiendrons donc que la seconde conception qui est toujours juste.

Elle donne à la réserve la tâche d'empêcher les contre-

---

(1) Malheureusement l'amiral Gravina, qui était à la tête de l'escadre d'observation, n'avait sans doute pas compris les instructions de son chef, et il prit la tête de la ligne dès que l'ordre de bataille fut signalé, ce qui supprimait de fait le rôle spécial des forces qu'il commandait. Jurien de la Gravière croit que c'est Villeneuve lui-même qui renonça à utiliser la réserve. Cependant l'escadre d'observation naviguait au vent de la ligne depuis le départ de Cadix, et aucun signal ne lui prescrivit de quitter son poste.

attaques. A Trafalgar, on ne vit pas Nelson donner suite
à son projet, parce que la faiblesse de la brise rendit inutile
le rôle qu'il avait réservé à sa colonne; mais il avait déjà
dégagé le principe des réserves à Saint-Vincent, lorsque le
Captain, qu'il commandait, arrêta la *Santissima Trinidad.*
Suffren avait eu la même pensée au combat de Madras, où
il plaça le *Héros* de façon à empêcher la tête de la ligne ennemie de virer de bord pour porter secours à l'arrière-garde (1).

Dans ces deux circonstances, le *Captain* et le *Héros* firent
l'office de réserve.

Peu nombreuse, puisque l'effort principal se fait ailleurs,
la réserve doit tenir tête à des forces supérieures, et il semble
qu'il y a là une contradiction évidente. Cette contradiction
n'existe pas en réalité parce que la réserve n'a pas pour
objectif immédiat de se battre, mais de contenir l'ennemi;
or, il est possible de tenir en respect des forces plus nombreuses pendant un temps très court.

Pour cela, il ne faut pas s'engager à fond (2), tout en forçant l'ennemi à ne pas négliger votre présence. On sait aussi
que pour détourner une ligne, il suffit de détourner le bâtiment de tête; les autres suivent.

Malgré tout, la réserve aura une tâche difficile à remplir,
et généralement le chef suprême la dirigera lui-même. Elle
pourra subir des pertes : c'est la fortune des combats. Dans
toutes les grandes batailles, on a vu des troupes supporter
le poids de forces écrasantes, et il faut nous familiariser
avec l'idée qu'il est souvent nécessaire de faire des sacrifices

_____

(1) «..... A 4 heures, je fis le signal de doubler par la queue, et à l'escadre d'approcher à portée de pistolet..... Je n'en ai pas donné l'exemple pour tenir en échec les trois vaisseaux de tête qui, en revirant,
m'auraient doublé..... » (*Rapport de Suffren au ministre de la marine.*)

(2) C'est alors que les considérations de distance pourront intervenir.

pour assurer la victoire, mais il faut savoir les faire au moment opportun (1).

La constitution d'une réserve ne peut guère s'envisager que dans le cas où l'armée se composera de plusieurs escadres, mais elle n'implique nullement l'idée de la séparation des forces. Bien que la position qu'occupera la réserve ne puisse se préciser à l'avance, puisqu'elle dépendra des circonstances, on peut dire que le meilleur moyen de garantir la masse est de se tenir dans son voisinage jusqu'à ce qu'on soit fixé sur les intentions de l'ennemi. Dans cette position d'attente, la réserve ne restera pas spectatrice du combat; elle utilisera toutes les pièces qui pourront tirer, et elle n'en restera pas moins disponible, parce que le feu de l'ennemi sera détourné sur les bâtiments engagés en première ligne.

Il convient de bien établir une distinction entre les services qu'on demande à la réserve et ceux qu'on attribue à l'ordre de bataille. Dans un ordre, les bâtiments se protègent par la position qu'ils occupent les uns par rapport aux autres. Ils ont donc une double tâche : se battre et s'appuyer réciproquement. Ces deux nécessités sont d'ordre contraire. De plus, la protection est passive.

L'emploi des réserves, au contraire, dédouble les rôles. Une partie des bâtiments combattent sans arrière-pensée; les autres les protègent; et ceux-ci, libres de leurs mouvements, fournissent aux premiers une protection d'autant plus efficace qu'elle est active et se plie aux exigences du moment.

---

(1) « Quand donc, disait Napoléon, trouverai-je un amiral qui consentira à perdre quatre ou cinq vaisseaux pour gagner une bataille. » Et ailleurs : « Où donc les amiraux français ont-ils appris qu'on pouvait faire la guerre sans courir aucun risque. »

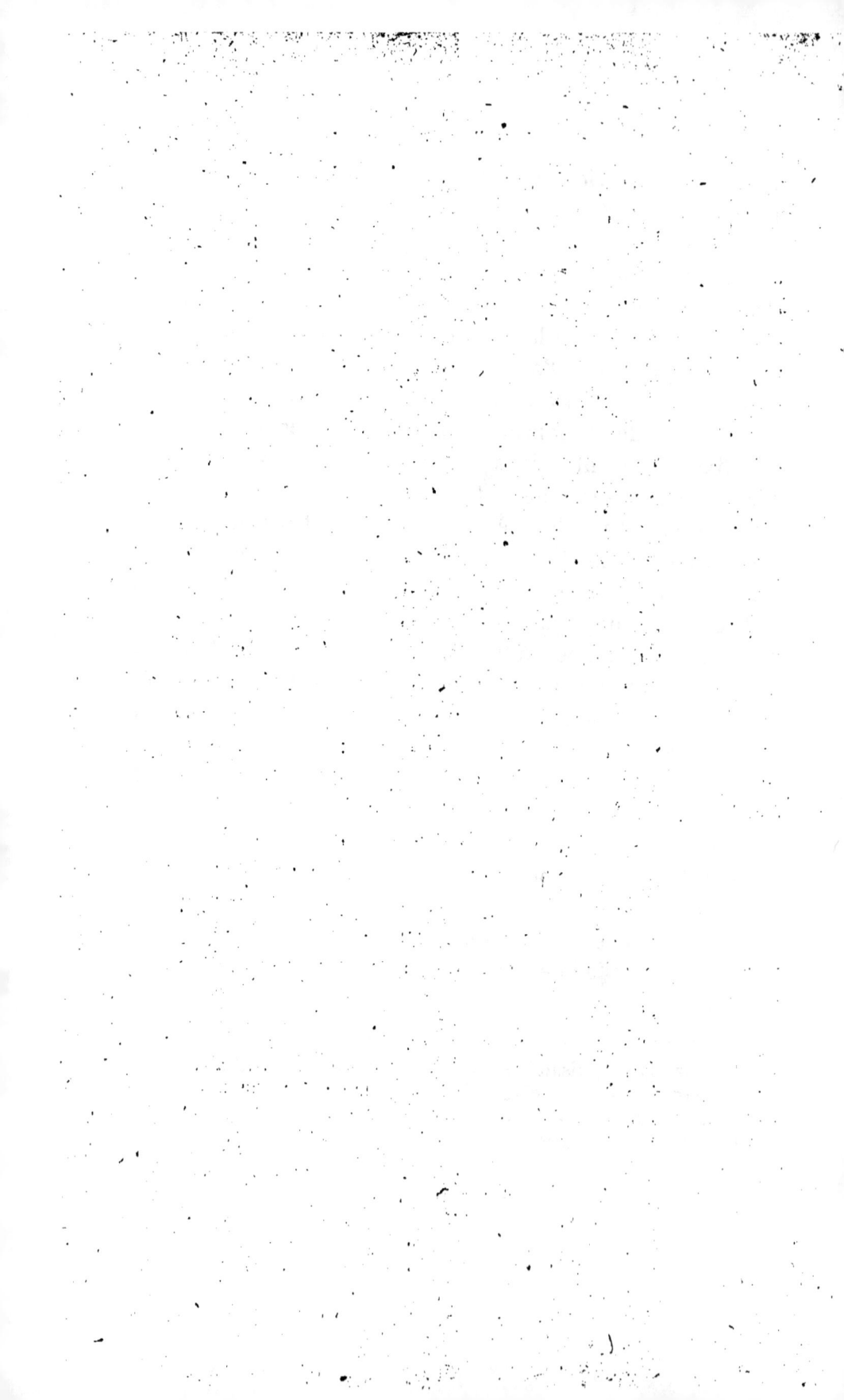

X

DE LA POURSUITE

———

Jusqu'ici nous avons semblé nous éloigner du but que nous nous étions primitivement fixé (l'anéantissement de l'ennemi), puisque nous avons réduit nos prétentions à n'attaquer qu'une partie des forces ennemies. La poursuite nous y ramène.

Lorsqu'une armée navale a perdu des bâtiments et qu'elle désespère de rétablir le combat avec ceux qui lui restent et dont le moral est affecté, elle cède le champ de bataille et cherche à s'échapper en profitant généralement de la nuit. Le commandement peut encore prendre cette décision beaucoup plus tôt, si une attaque brusquée a jeté la confusion dans ses rangs et a détruit la cohésion de ses forces. Pour le vainqueur, c'est l'heure décisive ; les résultats qu'on peut obtenir sur le champ de bataille sont forcément limités, à moins d'une disproportion de forces qui transforme dès le début le combat en poursuite. Il est presque impossible de venir à bout d'un adversaire qui possède les mêmes armes et sait s'en servir ; on ne lui fera généralement qu'un tort suffisant pour l'amener à renoncer à la lutte et à fuir. Au contraire les résultats de la poursuite sont illimités.

Sur terre, les pertes matérielles faites pendant le combat ne sont jamais très élevées, mais dès que l'ennemi tourne les talons, on le ramasse par fournées sur les routes.

Sur mer, la situation est la même au point de vue moral ; matériellement, elle se présente sous un aspect différent ; les pertes ont une importance plus considérable à cause du nombre restreint des unités de combat, et, bien que la position respective des combattants puisse impliquer à elle seule un état d'infériorité manifeste pour l'un d'eux, c'est généralement le moins éprouvé qui sera le vainqueur.

Dans l'ancienne marine, la poursuite était l'exception et non la règle. Cela provenait de ce que le moteur des bâtiments n'était pas protégé et subissait toujours des avaries pendant le combat. Le vainqueur engageant toutes ses forces de très près, ses navires avaient tous des réparations à faire à leur mâture, tandis que le vaincu, abandonnant ses vaisseaux amarinés, fuyait avec les autres dont une partie n'avait quelquefois pas tiré un seul coup de canon.

Cependant, toutes les fois que les circonstances ont permis la poursuite, nous constatons qu'elle a produit des résultats qui, de même qu'à terre, ont été bien plus importants que ceux qu'avait donnés le combat lui-même. C'est ainsi qu'à Béveziers. Tourville ne coula que deux navires ennemis et en détruisit dix, pendant les quinze jours qui suivirent. La Hougue ne nous coûta pas un seul vaisseau, mais la poursuite en fit perdre quinze. Lorsque M. de la Clue dut, avec sept vaisseaux, tenir tête aux quatorze de Boscawen, il n'abandonna que le *Centaure ;* la chasse qui suivit le combat ne permit qu'à deux vaisseaux de s'échapper.

Les conséquences de la poursuite ne se limitent pas à la destruction d'un certain nombre de bâtiments ; elle disperse ceux qui parviennent à s'échapper et réalise ainsi l'objectif du combat : la destruction complète de l'adversaire en tant que force constituée. Voyons ce qu'est devenue la flotte de Tourville après la Hougue. Nous avons déjà dit que, sur quarante-quatre vaisseaux, quinze avaient été détruits ;

trois gagnèrent directement Brest; quatre donnèrent dans le Pas de Calais et firent le tour de l'Angleterre; enfin vingt-deux trouvèrent un refuge à Saint-Malo. La France n'avait perdu que quinze vaisseaux, mais son armée navale était anéantie, et il fallut plus d'une année pour en reconstituer une nouvelle. Le 20 octobre 1759, les vingt et un vaisseaux de M. de Conflans sont attaqués à l'entrée de la baie de Quiberon par trente-trois vaisseaux anglais. Dans le combat en retraite du 20, deux vaisseaux coulent, un troisième est pris; le 21, le *Juste* se perd sur un récif; le 22, le *Héros* et le *Soleil-Royal* sont brûlés. Total : six vaisseaux perdus. Sur les quinze qui restent, huit parviennent à gagner l'île d'Aix; les sept autres se réfugient dans la Vilaine d'où ils ne sortirent que bien plus tard et séparément. Jusqu'à la fin de la guerre, la France ne put mettre à la mer une force suffisante pour tenir en respect l'ennemi, qui se livra impunément à une série de déprédations contre les côtes.

« Actuellement, ajoutions-nous dans la première édition « de cette étude, les moteurs des bâtiments de combat sont « l'objet d'une protection spéciale. On peut donc prévoir « que le vainqueur aura plus de navires disponibles que le « vaincu, à l'inverse de ce qui se passait autrefois (1), et la « poursuite prend à notre époque une importance capitale. « Même dans le cas où le combat n'aurait pas donné de « résultats décisifs, rien n'est perdu si on est en mesure de le « faire suivre d'une poursuite active. »

Appliquons ces données aux deux grandes batailles de la guerre russo-japonaise qui sont venues fort à propos renforcer notre thèse.

Le 10 août, la bataille n'eut pas de sanction matérielle;

---

(1) Les bâtiments dont l'avant n'est pas protégé font exception; ils ne pourront donner qu'une vitesse réduite, même avec des machines intactes.

mais l'escadre russe qui n'avait pas d'ordres précis se dispersa dans toutes les directions. Les Japonais, surpris de leur facile succès, ne songèrent que le lendemain à organiser une poursuite méthodique. Ils permirent ainsi au gros de la flotte, composé de cinq cuirassés, de rentrer à Port-Arthur; mais ils forcèrent le *Tsésarévitch*, le *Bezpostchadnyi* et le *Bezotrachnyé* à désarmer à Tsing-tao; l'*Askold* et le *Grozovoi*, à désarmer à Shanghaï; ils purent atteindre le *Novik* qui fut coulé à Korsakov. Voilà ce que procura une poursuite tardive.

Sans doute, l'amiral Togo, instruit par l'expérience, se promit qu'une autre fois, les Russes ne s'en tireraient pas à si bon compte, et il se tint parole. La bataille de Tsushima fut déjà un magnifique succès; mais la poursuite procura des résultats encore plus surprenants. Qu'on en juge ! Quatre cuirassés se rendirent avec l'amiral Nébogatov dans les parages des roches Lioncourt; le *Svietlana* et le *Bystryï* furent coulés près de la côte de Corée; l'*Admiral-Nakhimov*, le *Vladimir-Monomakh* et le *Gromkii* furent coulés à l'est de Tsushima; le *Sisoï-Velikii* fut coulé dans le nord-est de Tsushima; l'*Admiral-Ouchakov* fut coulé dans le sud des roches Liancourt; le *Dmitri-Donskoï* fut coulé près de Matsou-shima; le *Biedovyï* se rendit avec l'amiral Rojestvenskii; l'*Izoumroud* se perdit à l'entrée de la baie Vladimir; l'*Oleg*, l'*Aurora* et le *Jemtchoug* désarmèrent à Manille; le *Bodryï* et le *Bouinyï* coulèrent en mer; le *Koréa*, le *Svir*, le *Blestiatshii* désarmèrent à Shanghaï.

Bref, sur trente-six navires, il n'arriva à destination que deux contre-torpilleurs et un petit croiseur. Grâce à une poursuite magnifiquement combinée, la bataille de Tsushima occasionna au vaincu des pertes sans précédent.

*_**

La poursuite a un autre caractère que le combat en retraite, tel que nous l'avons envisagé. Dans celui-ci, l'ennemi
adopte de parti pris cette façon de combattre; il conserve
son unité; il est prêt à faire face aux événements; en un mot,
il combat. Dans la poursuite, il abandonne toute idée de
résistance; son objectif principal est de s'échapper, et il
ne se battra que dans la mesure nécessaire pour favoriser
son évasion. S'il s'arrête, il rapproche les distances; s'il
essaie de secourir les traînards, il risque de se livrer soi-
même : or, c'est précisément ce qu'il cherche à éviter. Forcé
de prendre l'allure la plus rapide, le chassé donne à ses
moyens de locomotion une tension qui risque de les faire flé-
chir; le voilier cassait des mâts et des vergues, déchirait
des voiles; la vapeur aura des échauffements de bielle. De
toutes façons, il a à faire face à des obligations d'ordre
contraire, et la situation qui en découle le met dans une
position critique qui est le prélude d'un désastre. Elle offre
si peu de chances de salut, qu'on se demande s'il ne vaut
pas mieux faire payer chèrement sa vie que de fuir, à moins
que la séparation ne soit favorisée par les ténèbres. Il n'y a
à notre connaissance qu'un seul exemple d'une force navale ayant pu s'en tirer indemne (1).

La ligne de conduite du chasseur est toute tracée; elle
doit tendre à arrêter la marche de l'ennemi en le harcelant
avec les meilleurs marcheurs; mais on devra agir avec une
prudence relative, si la poursuite ne suit pas le combat et
résulte simplement d'une infériorité numérique. L'ennemi
a alors tous ses bâtiments intacts et il est en mesure de
porter de rudes coups. Cette considération ne doit pas empêcher de chasser en avant; mais les premiers arrivés de-

_____

(1) Le 17 juin 1785, Cornwallis, avec cinq vaisseaux, fut chassé par
toute l'escadre de Villaret-Joyeuse sans abandonner un seul navire.
Cette exception s'explique d'elle-même en lisant les détails de l'affaire,
et en tenant compte de l'état respectif de chaque marine.

vront profiter de ce qu'ils sont libres de leurs mouvements (alors que l'ennemi ne l'est pas) pour se placer dans les secteurs les plus dégarnis de feux. Si le chassé veut se débarrasser de l'étreinte des chasseurs, ceux-ci n'ont qu'à se rabattre sur leurs soutiens, et ils auront ainsi fait perdre du terrain au chassé.

Au contraire, lorsque la chasse suivra une bataille perdue, l'ennemi sera plus ou moins en désordre; ses bâtiments auront été diversement éprouvés. On ne doit pas hésiter alors à abandonner une prudence qui permettrait au chassé de s'évader, et à pousser toujours plus avant par ordre de vitesse, chaque bâtiment dépassant les traînards sans s'arrêter à les combattre, tant qu'il a derrière lui d'autres navires pour les cueillir.

Rien ne doit arrêter la poursuite. Chacun sait à quelles avaries imprévues sont sujettes les machines, et on peut, avec de la persévérance, rattraper en quelques instants le terrain perdu en plusieurs heures. La nuit elle-même qui, dit le dicton, sépare les combattants, ne doit pas ralentir l'ardeur des chasseurs; on peut retrouver l'ennemi au jour; serait-on seul sur l'horizon qu'on devra continuer dans la direction de la ligne des fuyards. Ce n'est que dans le voisinage des côtes ennemies qu'on pourra lever la chasse, afin d'éviter le contact de navires n'ayant pas subi la démoralisation d'une bataille perdue; et sur la route de retour, on trouvera encore l'occasion de ramasser le butin qui aura passé par maille pendant la nuit (1).

_____

(1) Il pourra se présenter que, lorsque la disproportion des forces ne sera pas suffisante pour supprimer toute chance de combattre avec honneur, une force navale ne prendra chasse que dans le but d'amener l'ennemi à diviser et à échelonner ses forces. Elle sera alors en bonne position, par un tête-à-queue rapide, pour engager la lutte avec avantage. C'est un piège qu'il faut éviter; mais il n'y a pas de règle qui puisse suppléer au jugement.

XI

DU COMBAT DE NUIT

On entrevoit difficilement la possibilité de combattre dans l'obscurité sans amener de regrettables confusions. Comment maintenir la nuit l'unité de direction ? Comment reconnaître la position de l'ennemi? Le combat de nuit ne paraît devoir amener qu'une mêlée où il sera difficile de distinguer l'ami de l'ennemi, ou aboutir à un duel d'artillerie qui offrira peu de précision.

Dans l'histoire, nous ne voyons qu'une seule bataille de nuit entre des forces importantes : Aboukir. Encore fut-elle livrée au mouillage et engagée de jour. Nous trouvons ensuite la bataille de Gibraltar, où l'amiral Saumarez, avec cinq de ses vaisseaux, attaqua quatre bâtiments attardés de la flotte combinée, sans que le corps de bataille osât rien tenter pour dégager son arrière-garde (1). En dehors de ces

---

(1) La bataille de Gibraltar est particulièrement instructive. Elle montre qu'un esprit entreprenant trouve toujours des occasions favorables, si faibles que soient ses forces. Elle nous apprend aussi qu'il ne faut jamais désespérer de la fortune, car Gibraltar n'était qu'une éclatante revanche du combat d'Algésiras où Saumarez, quelques jours auparavant, avait perdu un vaisseau. Cosmao montra une force d'âme encore plus grande, lorsque après le désastre de Trafalgar, il appareilla de Cadix pour arracher aux Anglais les débris de notre flotte.

deux combats, il y eut un assez grand nombre de rencontres de nuit entre bâtiments naviguant isolément ou par paires.

On ne s'est donc battu la nuit que lorsque les circonstances ont permis d'éviter une confusion de navires. On ne saurait en conclure que ce genre de combat ne se réalisera que dans des conditions analogues, mais seulement qu'il faut craindre de s'engager inconsidérément dans une impasse. Le jour où un homme qui aura le sens de la guerre saura vaincre des difficultés que nous considérons comme irréductibles, il n'hésitera pas à s'engager la nuit parce qu'il trouvera un nouvel élément de succès dans la possibilité de masquer ses mouvements de forces.

On pourra toujours, en tout cas, profiter des ténèbres pour jeter le désordre dans une armée nombreuse avec quelques bâtiments bien groupés, et favoriser ainsi une attaque de torpilleurs (1).

Il faut ajouter que la nuit est réservée aux attaques de torpilleurs, et c'est une raison pour que, dans les flottes actuelles, il n'y ait pas de rencontres nocturnes entre grands bâtiments; car ceux-ci doivent laisser le champ libre pour ne pas s'exposer à être pris pour des navires ennemis.

S'il n'y avait pas eu de torpilleurs dans l'escadre de l'amiral Togo, la bataille de Tsushima aurait pu être suivie d'un combat de nuit.

---

(1) Voir la manœuvre de l'*Indefatigable* dans la nuit du 16 au 17 décembre 1796, pendant la sortie de l'escadre de Morard de Galle (Expédition de Hoche en Irlande).

XII

DES SIGNAUX

Il y a signaux et signaux. Les uns n'ont qu'un intérêt conventionnel, tels que ceux qui indiquent le commencement et la fin d'un exercice; d'autres ont un caractère de nécessité absolue et servent pour la navigation; il y a enfin les signaux de combat, dont l'importance est primordiale. Nous ne .'ous occuperons que de ceux-ci.

Il importe peu en effet que, dans la pratique courante du service, nos livres de signaux soient plus ou moins épais, plus ou moins compliqués. Il n'en saurait être de même quand il s'agit du combat.

Un signal inutile jette le doute dans l'esprit des combattants; un signal mal compris amène le désordre; un signal inexécutable dénote, de la part de celui qui le fait, le souci de mettre sa responsabilité à couvert. Il faut donc s'efforcer de réduire autant que possible les signaux. Ils auront d'ailleurs d'autant plus de force qu'ils seront moins fréquents.

Ce n'est pas à dire qu'il faille supprimer ou diminuer le code des signaux de combat. A moins d'abdiquer toute autorité, l'amiral doit avoir la faculté de faire toutes les communications qu'il jugera utiles. Il tâchera de les réduire le plus possible parce que le feu de l'ennemi aura tôt fait de disperser les séries de pavillons, et qu'il peut se trouver impuissant à communiquer sa pensée; mais tant que les moyens ne lui feront pas défaut, il en usera.

Malgré tout, il sera toujours prudent de donner des instructions suffisamment précises pour qu'il ne soit pas nécessaire de les compléter par des signaux. La conduite de chacun pendant le combat ne peut être guidée que par le sentiment exact de la situation, et si l'amiral n'a pas habitué ses capitaines à agir de leur propre mouvement, *suivant son inspiration*, aucun signal ne pourra remédier aux fautes et aux erreurs qui se produiront. Il ne faut pas demander à l'étamine plus qu'elle ne peut donner.

Les conseils de guerre qui ont suivi nos grands désastres mettent en évidence l'inefficacité des signaux. Les chefs malheureux se plaignent toujours avec amertume de l'inexécution de leurs ordres; ils oublient que les ordres ne peuvent rien pour rétablir un combat mal engagé, et que, s'ils avaient conduit leurs bâtiments sur le chemin de la victoire, ils n'auraient pas été obligés de se couvrir de signaux. A Aboukir et à Trafalgar, Nelson ne fit qu'un seul signal qui indiquait nettement l'objectif qu'il poursuivait; la conduite de chacun en découlait naturellement. A Fou-Tchéou, l'amiral Courbet ne fit également qu'un signal, mais il fut mal interprété.

Parmi les ordres qu'on peut être amené à faire pendant le combat, il en est un certain nombre qui sont particulièrement urgents. Il y aurait intérêt à les réunir ensemble dans un code spécial, et à rechercher une transmission simple et rapide.

La question des signaux est d'ailleurs intimement liée à la tactique et au commandement, et nous aurons occasion d'y revenir incidemment.

XIII

TACTIQUE DE NAVIGATION
TACTIQUE DE COMBAT

Nous avons examiné les trois phases du combat qui s'imposent par la force des choses : la période de rapprochement, le combat proprement dit et la poursuite. Chacune d'elles met en action l'une des trois vertus militaires qui font la force des armées. La première exige de l'habileté ; la seconde, de la vigueur ; la troisième, de la ténacité.

Au cours de cette étude, nous avons essayé de dégager les lois générales qui découlent des faits. Il s'agit maintenant de les appliquer avec les moyens que fournit la marine actuelle. Nous ouvrirons donc la tactique, et nous y trouverons un recueil complet de géométrie navale ; mais il nous suffira d'un examen rapide pour nous convaincre que la durée, la précision et la rigidité des mouvements qu'elle contient ne peuvent supporter l'atmosphère du champ de bataille.

Les évolutions nécessitent des vitesses repérées à l'avance, des abatées déterminées, un télémétriste et surtout un compas. Pendant le combat, le compas est abandonné, le télémétriste quitte la passerelle, et le commandant s'enferme dans un blockhaus où il lui est alloué une place équivalente à celle d'une sardine dans une boîte de conserves. On ne pourra donc plus évoluer.

Les formations, quoique moins méthodiques, n'en exigent pas moins les mêmes éléments, et il ne reste guère que la ligne de file qui puisse être utilisée.

L'impuissance de notre code officiel provient de ce qu'il a voulu être à la fois une tactique de navigation et une tactique de combat. Il satisfait avec usure à son premier objectif parce que, comme on navigue toujours et qu'on ne combat jamais, la navigation a pris tout naturellement le pas sur le combat. Cependant, les conditions n'étant pas les mêmes, les moyens ne peuvent être communs sans que l'un des buts ne soit sacrifié à l'autre.

Naviguer, c'est conduire des bâtiments d'un point à un autre avec l'ordre et la méthode qui assurent seuls la sécurité. Pendant le combat, l'ordre (géométrique) importe moins que l'unité de direction; la méthode, qui entraîne des longueurs, nuit à la rapidité d'exécution. Enfin, le point capital est qu'il faut compter avec l'ennemi, et que, tout en s'efforçant de lui imposer sa volonté, on n'en subit pas moins l'influence de sa présence; d'où découlent des mouvements qui ne sont ni des formations ni des évolutions, et auxquels il est impossible d'assigner une forme géométrique ou symétrique. En un mot, on navigue seul, et il faut être deux pour combattre.

La tactique de navigation existe, elle fonctionne, elle satisfait à toutes les exigences. On peut donc la conserver telle qu'elle est. Il serait certainement possible de la rendre moins touffue en supprimant un certain nombre de mouvements qui ne constituent qu'un exercice de haute école navale; mais la question est secondaire (1).

La tactique de combat doit présenter un autre caractère.

_____

(1) Ce qui est plus grave, c'est jeter la confusion dans l'esprit des officiers dont la tête éclate sous l'effort de mémoire qu'il faut faire pour se retrouver dans le labyrinthe des essais perpétuels.

Elle n'est entre les mains du chef qu'un instrument qui doit jouer juste, c'est-à-dire se plier aux nécessités du champ de bataille. On ne fait pas ce que l'on veut sous le feu de l'ennemi, et le nombre des mouvements est limité; mais celui des combinaisons ne l'est pas, parce que chacune se compose de parties communes à plusieurs autres (1). Du reste, ce sont moins les moyens qui diffèrent (à condition qu'ils soient appropriés aux circonstances) que l'opportunité de s'en servir. Par ailleurs, si les moyens sont quelconques et ne répondent pas au but qu'on se propose, ils paralysent l'action des chefs les mieux doués (2).

La tactique ne donne pas la victoire, car elle ne crée rien (le génie seul est créateur); mais elle facilite à celui qui s'en sert le moyen de l'obtenir. En revanche, elle peut éviter la défaite en fournissant des indications utiles. Dans aucun cas, elle ne dirige le combat; sans cela, elle serait assimilable aux orgues de Barbarie qui jouent toujours les mêmes airs.

Les caractéristiques de la tactique de combat sont la simplicité et la rapidité. La simplicité, parce que le champ de bataille ne s'accommode pas de cet élément perturbateur qu'est la complication; la rapidité, parce que c'est le seul moyen de devancer l'ennemi. Ces deux conditions déterminent les limites que la tactique ne peut jamais franchir sans sortir du droit chemin.

La tactique de combat ne peut se constituer que sur le terrain, dans des conditions se rapprochant le plus possible de la réalité, c'est-à-dire par des manœuvres à double action. C'est la seule façon d'éviter des erreurs irréparables. Il arrive fréquemment, en effet, que les créations de l'esprit

---

(1) De même qu'avec dix chiffres on peut composer tous les nombres.

(2) Exemple : Suffren, dont le génie se brisa contre le mur de l'ancienne tactique.

ne soient pas réalisables quand on veut leur donner un corps. En général, elles sont inspirées par une idée séduisante dont l'application met en évidence des obstacles qu'on n'avait pas prévus. Or, qu'arriverait-il si on étayait le combat sur des mouvements qui n'auraient pas reçu la consécration de la pratique? On se buterait à des difficultés insurmontables, et le champ de bataille deviendrait un champ d'expériences. C'est surtout à la guerre qu'il importe de ne pas avoir l'esprit de l'escalier; c'est là qu'il ne faut pas être obligé de se dire après coup : voilà ce qu'il aurait fallu faire.

Le combat est un problème qui contient un grand nombre d'inconnues. Par des exercices suivis et poursuivis méthodiquement pendant des années et des années, on arrivera à en dégager quelques-unes. Ce travail allégera d'autant la tâche surhumaine du chef; il lui enlèvera une partie de ses préoccupations et lui permettra de reporter tout l'effort de son intelligence vers les autres inconnues qui ne peuvent être élucidées que sur les lieux. Il y a beaucoup de situations qui ne sont pas susceptibles d'une infinité de solutions (1); encore faut-il les étudier pour les connaître. Elles serviront alors de lien entre le commandement et les capitaines, lorsque ceux-ci seront livrés à leurs propres inspirations. La plupart des attaques n'ont de valeur que par leur soudaineté; le trouble qu'elle jette empêche de se ressaisir. S'il n'y a pas surprise, la riposte peut souvent être fatale à l'agresseur. Donc, qu'on attaque ou se défende, il est nécessaire de connaître à l'avance les risques auxquels on s'expose.

Nous avons naturellement une tendance à repousser tout ce qui est nouveau, parce que la nouveauté entraîne avec

---

(1) Exemple : lorsque la queue d'une ligne est menacée, il y a deux façons de lui porter secours : replier la tête sur la queue ou faire un tête-à-queue. Cette dernière solution semble préférable, mais il n'est pas indifférent d'abattre d'un bord ou de l'autre.

elle une certaine dose d'imprévu. Nous oublions ainsi que le domaine des choses possibles s'agrandit constamment avec le progrès, et nous vivons sur des errements dont les causes ont disparu depuis longtemps. Du reste, les manœuvres les plus fréquentes, comme celles qui consistent à entrer dans un port ou à franchir une passe, offrent toujours une certaine difficulté quand on les exécute pour la première fois; elles donnent à l'esprit une tension qui l'empêche de s'occuper d'autre chose. Au contraire, les manœuvres difficiles (nous ne disons pas compliquées) se font avec une aisance telle, lorsqu'elles sont fréquemment répétées, qu'on se demande comment on a pu les trouver délicates. Au début de la navigation à vapeur, la ligne de file était considérée comme l'ordre de navigation le plus dangereux; aujourd'hui il n'y en a pas de plus commode.

La première fois qu'on a navigué sans feux la nuit, il semblait qu'on courût au-devant d'une catastrophe; actuellement toute appréhension a disparu.

Qu'on entoure les exercices de toutes les garanties désirables; qu'on passe du simple au composé en levant les difficultés à mesure qu'elles se présentent; mais il ne faut pas se laisser rebuter par des difficultés qui sont souvent moins réelles qu'imaginaires.

Les exercices à double action ont eu peu de développement dans notre marine. Il est rare qu'on puisse, dans l'état actuel de nos armements, constituer deux forces suffisantes pour les opposer l'une à l'autre. Il n'y a que la période de mobilisation et la réunion de nos escadres qui permettraient de le faire (1). Mais chaque fois que ces exercices ont eu lieu, ils ont mis en relief des points qui étaient dans

---

(1) Les ressources de la tactique, en effet, croissent très rapidement à mesure que le nombre des bâtiments augmente. Dans les joutes entre navires isolés ou divisions détachées, elles sont très faibles. Il

l'ombre. Si on avait pu les recommencer aussitôt après, chaque parti aurait apporté des modifications dans sa manière de faire. Ils apprennent donc quelque chose. Ne s'imposent-ils pas, d'ailleurs, dans toutes les circonstances où on a en face de soi une force agissante? Fait-on de l'escrime dans le vide, sans avoir de partenaire? Est-ce que, dans l'armée, on ne figure pas l'ennemi?

On entend dire quelquefois que les exercices à double action ne donneraient naissance qu'à un nombre de mouvements limité, et que l'intérêt serait vite épuisé. Il y a là une erreur. Le fait seul d'opposer une force à une autre fait éclore des idées nouvelles; on se trouve en face de situations auxquelles on n'avait pas songé; d'un côté comme de l'autre on cherche à en tirer parti, et de nouveau on crée de l'imprévu. Puis chaque homme n'emploie pas les mêmes procédés, et c'est l'ensemble de toutes les observations antérieures qui constitue la tactique. Celle-ci est un livre qui n'est jamais achevé.

Les manœuvres à double action jouent en tactique un rôle analogue à celui que joue l'histoire en stratégie. L'étude des guerres, en effet, nous fait voir les événements sous leur jour exact et sous leur aspect varié; elle nous révèle toutes les combinaisons que la fertilité d'esprit des hommes a engendrées dans le cours des siècles.

---

faut se garder de vouloir à tout prix faire rendre à la tactique plus qu'elle ne peut donner, sous peine de tomber dans la fantaisie. Ces exercices n'en sont pas moins utiles, car, s'ils n'apprennent pas ce qu'il faut faire, ils montrent ce qu'il ne faut pas faire.

XIV

DU COMMANDEMENT

Le commandement a pour but de réunir et de concentrer toutes les forces éparses que représente chaque individualité, et d'en former un faisceau. Il se manifeste par la subordination de toutes les volontés à une seule.

Le commandement n'est pas le produit raisonné de nos règlements militaires; c'est une nécessité sociale. Il s'impose et se crée de lui-même, lorsqu'il n'existe pas.

La grande majorité des hommes a besoin d'être gouvernée, et une petite minorité a reçu des dons spéciaux pour diriger les foules. Dans les circonstances ordinaires de la vie, ce besoin ne se fait pas sentir, et l'instinct de l'indépendance nous incite à nous affranchir de toute tutelle; mais lorsqu'un danger apparaît, la masse abdique en faveur du plus digne et le commandement se montre alors sous son vrai jour, bien plus comme une protection que comme un joug. Chacun de nous a pu le constater dans ces situations si fréquentes en navigation, qui sont, sinon dangereuses, au moins délicates. Tout l'équipage a les yeux tournés vers le commandant, lui demandant de tirer le bâtiment du mauvais pas dans lequel il se trouve engagé; à cet instant critique, les fortes têtes ne songent guère à contester l'autorité du chef.

Il peut être utile de se demander quelles ressources ont su tirer du commandement les hommes supérieurs qui en ont été investis. Ils ne disposaient généralement que des mêmes moyens que leurs adversaires, et cependant ils en ont tiré meilleur parti. Il semble qu'on en trouve l'explication dans le fait qu'ils envisagent les choses à un point de vue qui leur est particulier.

A toutes les époques, les spéculations mathématiques, qui ont pour base des données fixes et connues, ont influé sur les idées en matière militaire. Lorsqu'elles ont pris une importance prépondérante dans la conception de la guerre, elles ont abouti à la fixer dans un moule rigide. Il en est toujours ainsi dans les longues périodes de paix, parce que les causes qui modifient la valeur des facteurs ne se manifestent pas, tandis qu'on a toujours sous les yeux les données physiques. On en arrive alors à créer un système de guerre qui découle méthodiquement de calculs absolus sur la puissance et le nombre des armes.

Les grands capitaines procèdent différemment.

A la valeur balistique des armes, ils substituent la valeur réelle. Celle-ci est affectée par les conditions spéciales du champ de bataille dans une proportion qui varie chaque fois suivant les circonstances. En même temps, ils font rendre à la machine humaine tout ce qu'elle peut donner, et ils se servent, comme d'une véritable réserve, de la propriété que possède l'homme de pouvoir, par la concentration de toutes ses facultés, doubler ou tripler ses forces à un moment donné. Ce n'est qu'un feu de paille; il faut en faire jaillir la flamme et l'utiliser au moment opportun. On conçoit dès lors qu'ils opèrent sur un terrain bien plus vaste que le commun des mortels, et que l'ampleur de leurs combinaisons déroute toutes les prévisions. C'est pour cette raison que nous considérons souvent comme audacieuses et téméraires des opérations dont le succès, loin de dépendre du hasard, a eu pour origine une estimation exacte de la situation.

La méthode des grands capitaines présente cette autre particularité qu'ils n'ont jamais cherché à ménager leurs forces, et que la grandeur du résultat les préoccupe bien plus que les pertes qu'ils peuvent faire. C'est, au contraire, ce dernier côté de la question qui règle notre conduite, et la pensée de faire des sacrifices influe sur nos déterminations et nous fait écarter *a priori* certaines éventualités. C'est ainsi que nous entendons dire journellement que les torpilles rendent inviolable l'entrée des ports; cependant, Ferragut a forcé bien des passes et il ne s'en est pas tiré sans abandonner à l'ennemi quelques plumes de son aile; il a eu des bâtiments coulés par des torpilles. Qui donc pourrait prétendre que Ferragut n'a pas réussi ou a eu tort d'entreprendre des passages de vive force?

Disons enfin que la simplicité des conceptions géniales prouve que la difficulté consiste moins à définir ce qu'il faut faire qu'à posséder l'énergie nécessaire pour mener à bien ce que l'on a décidé.

Dans nos guerres futures, l'exercice du commandement sera particulièrement difficile. On commencera la lutte avec un matériel nouveau dont la puissance n'est pas exempte d'inconvénients; personne ne possédera le sentiment de ce que l'on peut faire qui ne s'acquiert que par des leçons de choses. Cette situation est sans précédent. Jusqu'à l'époque actuelle les hommes qui ont laissé un nom avaient franchi les différents échelons de la hiérarchie pendant des périodes de guerre, et c'est ce contact permanent avec l'ennemi qui leur avait donné la notion exacte de leur force et leur avait révélé la faiblesse des autres; en un mot, ils avaient une expérience qui seule a permis à leur génie de prendre son essor.

On a bien pour se guider les dernières guerres maritimes;

mais nous n'y avons pas pris part comme acteurs. Ce n'est pas la même chose de lire un récit de bataille que d'y assister.

En fait, on ne dispose guère que des résultats des exercices de polygone; on sait ce qu'une pièce peut fournir de travail, le nombre de coups qu'elle peut tirer à la minute, l'épaisseur de la plaque qu'elle peut percer. Tout cela constitue les éléments de la puissance et non ceux du rendement. C'est insuffisant, car ces derniers seuls servent à faire la guerre. Il y a là une lacune qui n'échappe à personne et que jusqu'ici on a comblée avec des considérations sur la capacité du personnel. Or, il ne suffit pas de supprimer la préoccupation de l'avenir en la noyant dans le flot des phrases ronflantes, car si un chef peut apprécier la force qu'il puise dans le sentiment de sa valeur personnelle, il ne peut mesurer celle des armes mises à sa disposition que si on lui en fournit les moyens. Évidemment, les exercices et les expériences que l'on pourrait faire en vue de dégager le rendement des armes et la force de résistance des bâtiments donneraient lieu à des conclusions qui ne seraient pas sans appel; elles seraient entachées d'erreurs du fait que l'ennemi ne riposte pas; mais elles donneraient une indication dont le jugement d'un chef saura tirer parti.

Relativement aux difficultés que rencontrera le commandement, on remarquera également que tous les grands hommes de guerre ont paru sur la scène du monde à des époques où l'art militaire traversait des périodes de stagnation et était si conventionnel qu'on savait toujours ce que l'ennemi ferait. Cette certitude donnait un point de départ qui fera totalement défaut aujourd'hui (1).

Voyons maintenant le rôle du commandement vis-à-vis des subalternes.

_____

(1) Les génies militaires n'ont rien innové; ils ont simplement ramené la guerre à son véritable concept.

Organe de centralisation, il peut s'exercer de deux manières différentes. La première tend à rassembler tous les rouages dans la main d'un seul qui agit au lieu et place des autres; la seconde fond toutes les volontés dans une seule en leur imprimant une direction uniforme, tout en laissant à chacun la libre disposition de ses moyens dans sa sphère propre.

Le premier système convient à la navigation où les initiatives individuelles sèmeraient le désordre et où l'imprévu est une exception; chaque bâtiment n'a qu'à exécuter passivement les ordres et à tenir son poste.

Pendant le combat, la situation est retournée. L'imprévu devient la règle et exige des solutions immédiates. Or, quelle que soit l'autorité du chef, il ne possédera jamais que l'acuité visuelle d'un homme; de son poste, il ne saura pas exactement ce qui se passe aux extrémités du champ de bataille; son attention peut être occupée ailleurs. D'une part, la perspective est trompeuse; de l'autre, les signaux ne contiennent que des formules dont le sens général prête à ambiguïté dès qu'on veut les appliquer à un cas concret. Dans ces conditions, il est matériellement impossible de diriger des bâtiments à distance, comme avec des guides, sans commettre d'erreurs; les directives devront se substituer aux routes, et pour le reste il faudra se fier à l'intelligence des capitaines.

Cependant, il ne manque pas de gens qui pensent que l'initiative enlève au commandement une partie de son autorité et de ses prérogatives. C'est voir les choses par leur petit côté. Le commandement est surtout une chose morale, parce qu'il s'exerce sur des hommes qui pensent et qui agissent; il ne réside pas dans la substitution de l'action d'un seul à celle de tous; il asservit les volontés qui engendrent les actes et non les actes eux-mêmes, de telle sorte que chacun agit comme l'eût fait le chef. Le commandement donne l'impulsion, il détermine l'unité d'action, mais il ne pense pas et n'agit pas pour tout le monde.

Dans toutes les batailles, l'initiative individuelle a dû intervenir, et elle a quelquefois décidé de la victoire. Un chef a-t-il le droit de se priver de l'appoint qu'elle peut lui apporter? Faudra-t-il, pour satisfaire à des considérations d'amour-propre ou de sentiment, condamner la manœuvre de Nelson à Saint-Vincent et celle du capitaine Foley à Aboukir? Certains voudraient nous le faire croire. Cependant, l'action individuelle, si brillante qu'elle soit, ne diminue en rien la gloire du chef, car c'est à lui qu'en revient l'honneur. Personne n'a songé à contester à Nelson le mérite de la victoire d'Aboukir sous prétexte que Foley, en doublant la ligne ennemie par la tête, fit une manœuvre décisive. Ce dernier avait pourtant agi de son propre mouvement; mais tout en s'inspirant d'une situation dont l'amiral ne pouvait juger, il ne fit qu'appliquer ce principe de Nelson : partout où un vaisseau ennemi peut tourner sur ses ancres, un des nôtres peut trouver à mouiller.

Combien de défaites eussent été évitées ou tout au moins palliées si les capitaines avaient eu la moindre initiative! Et il ne s'agissait pas de leur demander d'exécuter une manœuvre brillante, mais seulement de se porter là où les appelait le devoir.

L'amiral ignorera le plus souvent les intentions de l'ennemi; il ne pourra donc donner à ses instructions qu'un sens très général. Si l'on se trouve en face d'une situation imprévue, faudra-t-il attendre passivement une solution? Si un bâtiment se trouve sans adversaire, devra-t-il garder le même poste? Le doute n'est pas permis : il faut aller au feu.

— Mais l'amiral n'a pas fait de signal!

— Qu'importe ! Savez-vous s'il peut voir ce qui se passe? Savez-vous s'il peut encore hisser un signal?

Cependant, maints bâtiments, en maintes rencontres, ont offert le spectacle désolant d'une passivité absolue. Les capitaines hésitaient, tergiversaient, *demandaient des avis*. Le temps passait; la situation empirait et lorsqu'à la fin, on prenait une décision, il était trop tard.

Que faisaient donc Villeneuve, Decrès et Trullet, à Abou-kir pendant que les trois quarts de la flotte française succombaient? Trullet, impatient d'aller au feu, hisse ses huniers, attendant l'ordre de Decrès. Decrès attendait l'ordre de Villeneuve. Et Villeneuve? Attendait-il un signal de nuit de l'*Orient* qui déjà râlait sous l'étreinte de trois vaisseaux ennemis? Fallait-il, dans cette circonstance critique, chercher à rétablir une situation compromise ou sauver du désastre quelques épaves? La question est discutable. Ce qui ne l'est pas, c'était la nécessité de prendre une décision dans un sens ou dans l'autre, et de la prendre de suite sans attendre au lendemain.

Et Dumanoir à Trafalgar ! C'est à 3 heures qu'il vire de bord pour secourir le centre et l'arrière-garde. Ce n'est pas à 3 heures qu'il eût dû se décider, ni même à midi. C'est au moment où l'attaque se dessinait et où il devenait évident qu'il allait rester sans adversaires. Attendre la transmission d'un signal eût fait perdre du temps; les destinées d'une escadre ne doivent pas être suspendues à la drisse d'un pavillon.

— Mais il n'y avait pas de brise.

— Il y en avait bien pour la colonne de Nelson qui passa à si petite distance de l'avant-garde française qu'elle échangea avec elle des boulets; il y en avait encore une heure après pour le vaisseau anglais *Africa* qui élongea toute la ligne pour se porter au feu.

Que les chefs qui étouffent l'initiative de leurs capitaines ne viennent jamais se plaindre d'avoir été abandonnés sur le champ de bataille !

Le rôle du commandement est donc surtout d'apprendre à l'avance à chacun ce qu'il aura à faire afin d'imprimer au combat une bonne direction; de bien inculquer à tous les amiraux en sous-ordre ce principe qu'ils ne doivent jamais envisager la situation à leur point de vue particulier, mais qu'ils doivent uniquement se préoccuper de l'influence qu'exercera leur action personnelle sur le résultat de la bataille. Quoi qu'il arrive ensuite, l'impulsion donnée ne se ralentira plus. Qui oserait prétendre que, tandis que Nelson expirait à fond de cale du *Victory*, son escadre n'était plus commandée?

Il en est de même aux divers degrés où s'exerce le commandement. Nous voyons sur nos bâtiments tous les organes du bord centralisés dans le blockhaus par l'intermédiaire de porte-voix et d'appareils électriques. Il est bien certain qu'un commandant a le droit d'être fier lorsqu'il contemple la masse de son vaisseau, les armes qu'il renferme, les hommes qui le montent; il éprouve un sentiment d'orgueil en songeant que ce colosse obéit à sa voix et qu'il en règle les moindres mouvements. Pendant le combat, ce n'est qu'un rêve. Rêve funeste ! Si le commandant prétend concentrer en lui le service des officiers canonnier, fusilier, torpilleur; s'il prétend à la fois commander à la barre, indiquer le but, l'obus, le bateau à torpiller, il ne pourra suffire à ces multiples occupations; il en négligera une partie pour s'absorber dans celle qui exigera plus impérieusement son attention, au grand dam du fonctionnement général (1).

_____

(1) Voici la conception du commandement que nous trouvons dans un travail américain (*Tactique des bâtiments en ligne de bataille*, du lieutenant NIBLACK) :

« Un commandant doit avoir quatre choses sous ses ordres immédiats : la vitesse, la route, le feu de l'artillerie, le tir des torpilles. De plus, il doit être à même de connaître à tout moment au moyen des communications intérieures : 1° l'angle de barre; 2° le nombre de

Chaque officier habitué à obéir automatiquement, cessera de prévoir et perdra toute initiative. Lorsque les circonstances le forceront à prendre une décision, il la prendra dans le mauvais sens ou n'en prendra pas du tout.

Les inconvénients de ce système se montreront après le combat, lorsque sonnera l'heure des récriminations ; on s'apercevra alors que l'intelligence humaine est un meilleur organe de transmission qu'un fil électrique, et que les facultés de l'homme, fût-il commandant, ne sont pas infinies (1).

L'œuvre du temps de paix est de former le personnel et d'apprendre à chacun ce qu'il aura à faire, de manière que, pendant le combat, les officiers, aux différents degrés de la hiérarchie, puissent se consacrer à des occupations qui nais-

---

tours d'hélice ; 3° la distance de l'ennemi ; 4° la distance et le relèvement du guide ; 5° si chaque section est prête à faire feu ; 6° si chaque tube lance-torpilles est prêt à faire feu ; 7° ses avaries de coque et 8° le nombre de degrés de bande. »
L'officier qui a à satisfaire à toutes ces exigences n'est plus qu'un appareil enregistreur.

(1) Prenons comme exemple le service des torpilles. On tend de plus en plus à le rendre solidaire d'un timbre électrique et à le centraliser entre les mains d'un seul officier qui, lui-même, ne doit faire feu que si on lui indique le but. L'entrée en jeu des torpilles correspondra à un combat très rapproché, et le commandant aura tant de choses à faire à ce moment qu'il pourra fort bien négliger d'indiquer le but. Il n'est pas improbable non plus que plusieurs objectifs se présentent à la fois et de bords différents ; en sorte que l'officier torpilleur ne pourra commander tous ses tubes et laissera échapper des occasions. Est-il donc nécessaire de ne lancer de torpilles que sur l'ordre du commandant, et celui-ci ne peut-il donner ses instructions avant le combat ? Toute torpille qui frappera un bateau ennemi ne sera-t-elle pas bonne ? Faut-il être lieutenant de vaisseau pour se servir de l'appareil de visée ? Faudra-t-il que la mort de l'officier torpilleur, la destruction du poste central de visée, la rupture des communications entraînent l'arrêt complet du service des torpilles ?
Qu'on subisse la centralisation matérielle comme un mal nécessaire quand on ne peut faire autrement, la chose s'explique ; mais tout ce qui tendra à alléger la charge du commandement, sans lui enlever une parcelle de son autorité, doit être considéré comme un bien.

sent avec la guerre et ne se présentent que sur le champ de bataille. Les officiers de détail auront surtout un rôle de surveillance générale pour maintenir chacun à son poste, raffermir les courages et parer aux nécessités imprévues. Quant au commandant en chef et aux capitaines, toute leur attention sera concentrée sur l'ennemi dont ils suivront les mouvements pour profiter du moindre signe de défaillance. A la guerre, c'est l'occasion qui fait le larron; pour en profiter, il faut avoir l'esprit dégagé et ne pas s'absorber dans les détails; il faut aussi que la machine soit suffisamment bien montée pour que, mise en marche, elle ne cesse plus de fonctionner.

Certes, il est plus facile de se réserver la solution de tous les problèmes que de former des gens à les résoudre. La question n'est pas là; elle consiste à savoir quel est le meilleur rendement que peut fournir une escadre ou un bâtiment au point de vue de l'organisation du commandement, et où s'arrêtent les facultés humaines. Il ne faut pas trop se fier, pour être fixé sur ce point, sur les observations du temps de paix; car, dans les exercices, chacun ne s'attribue que la part qu'il peut assumer, sans qu'il soit prouvé que cette part satisfasse à tous les besoins, puisqu'il n'y a pas de sanction. La meilleure indication nous est encore fournie par les grands marins (1) qui sont, de tous les chefs d'escadres, ceux qui ont laissé le plus d'initiative à leurs lieutenants; et on peut admettre que s'ils ont agi ainsi, c'est qu'ils ne pensaient pas pouvoir faire autrement.

***

Il nous reste à examiner les éléments physiques et mo-

---

(1) Lire à ce sujet le *memorandum* de combat de Nelson et les instructions de Suffren à Tromelin.

raux qui sont les auxiliaires du commandement, en ce sens qu'ils donnent aux forces une meilleure utilisation et facilitent les opérations.

Les éléments moraux sont les qualités du personnel : la force morale et la volonté. Les éléments physiques sont les qualités du matériel : la vitesse, l'homogénéité et les qualités nautiques.

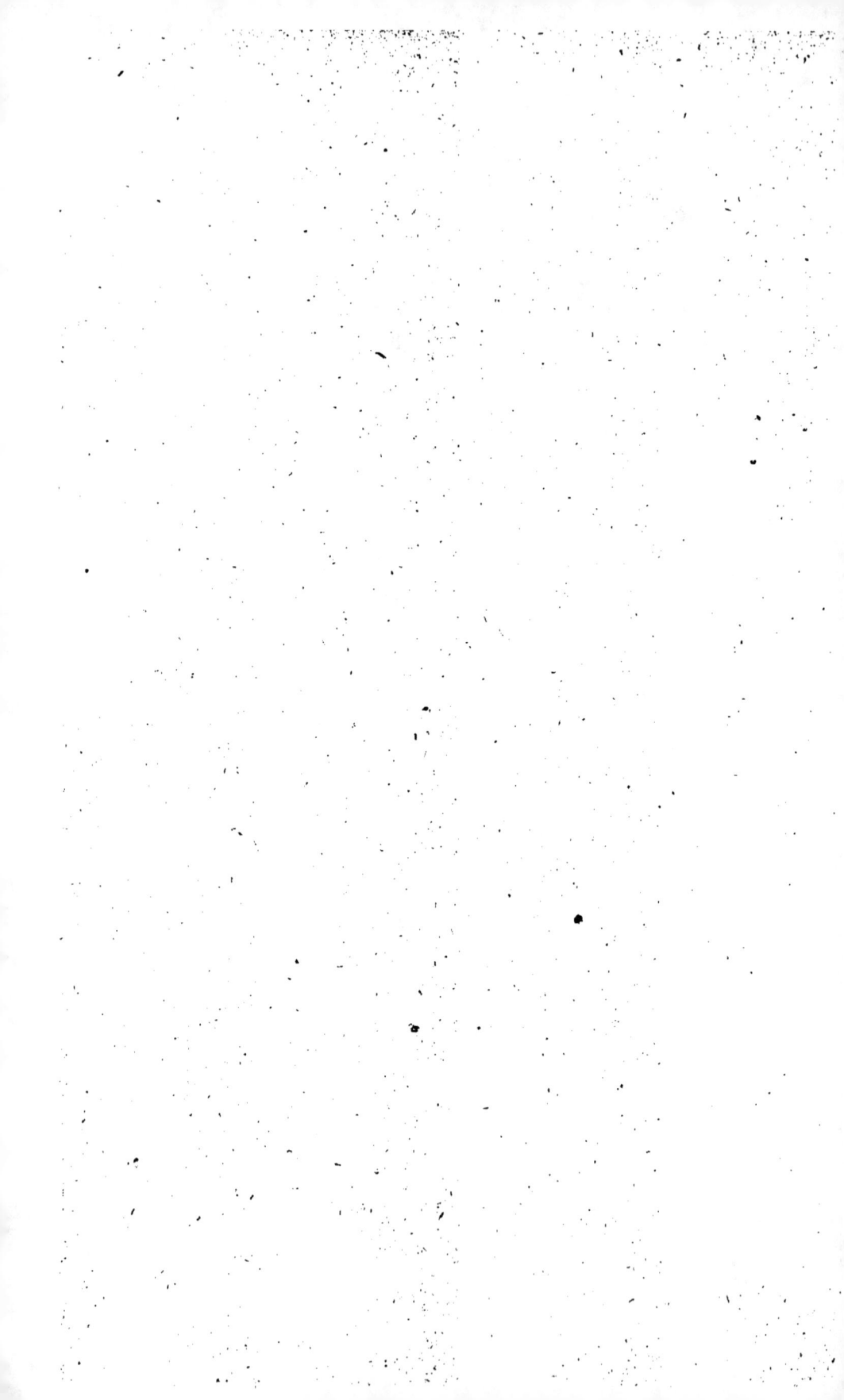

XV

LES ÉLÉMENTS MORAUX

––––––

Si les méthodes de guerre subissent le contre-coup d'un matériel qui se transforme d'une façon permanente, l'homme, qui met en œuvre tout cet attirail compliqué, ne change pas. Aujourd'hui, comme il y a cent ans, il garde son impressionnabilité, passant de la confiance au découragement suivant l'influence qu'exercent sur lui les événements et le milieu dans lequel il se meut.

Il est impossible de rien comprendre aux choses militaires si l'on ne fait pas intervenir le coefficient moral qui détruit toutes les combinaisons uniquement basées sur la supériorité du nombre ou de la puissance.

La force morale est donc un des facteurs du combat ; sans elle, le matériel n'a que la valeur de la vieille ferraille.

Elle se puise à deux sources : la confiance en soi-même et la situation (non pas telle qu'elle est, mais telle qu'elle paraît être). Le courage, en effet, n'est pas un sentiment naturel. A part quelques natures exceptionnelles que le danger excite et qui sont toujours prêtes à foncer, l'homme cherche à se défendre avant de songer à attaquer. Chez les officiers, le courage naît du sentiment du devoir et de l'honneur ; dans les milieux inférieurs, on le développe par des moyens artificiels dont le principal est la conviction de vaincre. Mais, une circonstance fortuite, telle qu'un échec,

suffit pour que la nature reprenne son empire et transforme
en fuyards des gens qui, la veille, ont accompli des actes
d'héroïsme.

La confiance en soi-même n'est qu'une conséquence de la
confiance qu'inspire le commandement; car les troupes se
rendent fort bien compte qu'il faut quelqu'un pour les
mener à la victoire. Un chef qui a la confiance de ses soldats
peut tout leur demander; ses ordres s'imposent comme des
dogmes infaillibles, et si périlleuse qu'en paraisse l'exécution, chacun marche avec plaisir, confiant dans le succès et
se disant : il a son idée. Sous l'empire de cette confiance,
l'homme accomplit des actes dont il se serait cru incapable.
Le rendement de la machine humaine est en effet essentiellement variable; non seulement il n'est pas le même dans
deux nations différentes ou dans les différentes armées d'une
même nation; mais il varie d'un jour à l'autre, d'une heure
à l'autre, dans une même force suivant le cours des événements.

C'est que le facteur moral est influencé par la situation
locale.

La même raison qui enlève toute force aux uns décuple
celle des autres, parce que la situation se présente de chaque
côté sous un jour opposé. Un bâtiment qui coule au milieu
du champ de bataille compromet le combat, et le premier
qui amène son pavillon donne le signal de la défection.
Aussi, une affaire mal engagée est-elle toujours difficile à
rétablir. Cependant, le caractère de l'homme est si mobile
qu'il suffira de peu de chose pour changer l'orientation de
ses pensées et ranimer ses espérances. « La bataille est perdue, disait Napoléon à Marengo; mais il nous reste le temps
d'en gagner une autre. »

On comprend quel puissant levier peut être la force morale entre des mains qui savent l'exploiter. Les grands capitaines, dont l'une des qualités est la connaissance du cœur

humain, en ont fait un usage constant. Nelson savait ce qu'il faisait lorsqu'il signalait à son escadre : « L'Angleterre compte que chacun fera son devoir. »

Le prestige du vainqueur réside bien moins dans sa force réelle que dans celle qu'on lui attribue. Lorsque les débuts d'une guerre ont été heureux, on possède une double force : celle qu'on puise dans la confiance en soi que donnent les premiers succès ; celle que vous prête l'ennemi et dont la conséquence est de le rendre circonspect.

La supériorité de l'offensive sur la défensive qui est passée à l'état de dogme dans les milieux militaires s'explique uniquement par des raisons d'ordre moral. Dans la plupart des circonstances, les avantages de prime abord paraissent être en faveur de la défense. C'est pourquoi les conceptions qui s'appuient uniquement sur les éléments matériels aboutissent fatalement à développer les moyens défensifs et escomptent des résultats qui sont en contradiction flagrante avec les enseignements de l'histoire.

A terre, les mouvements tournants, les attaques à revers, les surprises n'ont pas de base plus solide qu'un effet moral. Des hommes attaqués pas derrière seront toujours impressionnés péniblement ; lorsque quelques-uns commencent à fuir, ils entraînent tous les autres ; et si, à ce moment précis, on pouvait montrer aux fuyards le nombre et la position de ceux qui les mettent en déroute, ils verraient qu'ils cèdent devant un péril imaginaire.

Dès qu'un combattant cesse d'avoir au cœur le désir de vaincre, son premier mouvement est de s'échapper sans se défendre. C'est là le secret des résultats fabuleux que fournit la poursuite. On a vu des régiments déposer les armes devant une poignée d'hommes, et des détachements de cavalerie faire capituler une place forte.

Le facteur moral domine le champ de bataille. Il exerce une influence plus grande que le nombre, encore qu'une supériorité numérique contribue à affermir le moral, et tout l'art de la guerre consiste à savoir s'en servir avec habileté.

Dans la marine, les effets moraux sont moins apparents que sur terre parce que l'équipage est enfermé entre les murailles d'un vaisseau et ne peut fuir ; mais ils n'en existent pas moins, entraînant les mêmes conséquences. Un bâtiment est assimilable au corps humain. Le capitaine en est la tête, les hommes qui le montent en sont les bras ; la tête peut rester saine tandis que les bras sont paralysés, et il y a bien des chances pour que le chef de pièce, dont le cœur est étreint par l'angoisse, n'envoie pas son coup de canon au but.

Le commandement, d'ailleurs, subit le contre-coup des événements au même titre que les marins. L'histoire nous montre Suffren se précipitant sur l'ennemi et se découvrant par suite de l'inertie de ses capitaines ; cependant, jamais Hughes n'a songé à tirer parti du désordre de l'escadre française, parce qu'il subissait l'ascendant moral de son adversaire. Loin de chercher à prendre l'offensive, il s'estimait heureux d'avoir pu sortir sans encombre d'un mauvais pas. On constate avec étonnement que l'amiral anglais voyait des concentrations de forces dans ce qui n'était que la conséquence de manœuvres mal exécutées. Pendant les guerres de la Révolution et de l'Empire, l'ascendant moral était du côté des Anglais, et ils en usèrent largement pour diminuer les effectifs de leurs escadres de blocus, lorsqu'ils étaient à court de navires, sans que les bloqués aient songé à profiter de l'occasion. Si les critiques qui s'amusent à corriger les fautes des autres tenaient compte de l'état moral des forces en présence, ils s'éviteraient la peine de rétablir les combats et de changer sur le papier la face des choses.

Le plus brillant exemple de la puissance de la force morale nous a été donné, à notre époque, par l'amiral Courbet dont le nom seul constituait un épouvantail pour les Chinois, et tenait lieu de protection à nos croiseurs en bois.

La guerre enverra à bord de nos bâtiments des réservistes depuis longtemps soustraits à l'influence de leurs officiers. Leur état d'esprit devra faire l'objet de nos préoccupations, et il ne faudra rien négliger pour entretenir en eux la force morale. Au combat de Santiago, les Américains tenaient les hommes des fonds au courant des incidents de la lutte. On a pu trouver cela puéril; mais l'effet n'en a pas moins été de tenir chacun à son poste et d'affermir les courages.

La discipline, l'amour-propre (surtout chez des Français), l'habitude de vaincre, développent la force morale; mais c'est une inconstante qui s'attache à la fortune et s'envole avec elle.

*
* *

Le combat n'est pas seulement un échange de coups de canon, c'est en même temps la lutte de deux volontés.

Deux bâtiments sont engagés l'un contre l'autre. Ils sont commandés par des capitaines énergiques, montés par des équipages exercés. Le combat se poursuit de part et d'autre, mais l'issue en reste indécise. La fatigue gagne les combattants; chacun sent ses forces s'épuiser et le besoin d'une solution se fait sentir : on en a assez.

A ce moment critique, la victoire n'appartient plus aux armes qui tuent; elle est entre les mains d'une arme invisible qui décidera en faveur de celui qui saura la retenir dans son camp : c'est la volonté de vaincre.

Le combat, par sa nature, exige de l'homme un effort surhumain qui tend tous les ressorts de son organisme; et cette tension anormale ne peut s'obtenir et se conserver que par l'espoir de vaincre. Dès qu'il disparaît, la réaction s'opère aussitôt, et l'homme épuisé s'abandonne. S'il avait attendu une minute de plus, son adversaire arrivait, lui aussi, au bout de ses forces, car il n'est soutenu que par le sentiment qu'un dernier coup de collier lui assurera la supériorité.

Et ainsi, le plus souvent, la victoire restera à celui qui oubliera ses fatigues pour ne songer qu'à l'adversaire. « Vous êtes exténué de fatigue, nous disait notre professeur d'art militaire à l'école supérieure ; l'ennemi l'est autant que vous, et peut-être plus. » Nous, marins, nous pouvons dire : les munitions commencent à manquer ; le navire est criblé ; l'ennemi n'est pas mieux partagé.

Le combat est, avant tout, une action réciproque, et si mauvaise que paraisse la situation, nous sommes en droit de penser qu'elle ne se présente pas sous un jour plus brillant pour l'adversaire. On changerait bien souvent la face des choses si, au lieu de s'appesantir sur ses propres maux, on cherchait à découvrir ceux dont souffre l'ennemi. On constate que les vaincus prêtent toujours au vainqueur des moyens surnaturels, des combinaisons transcendantes, alors qu'en réalité il n'a d'autre supériorité que de montrer plus de force morale. Le gain d'une bataille n'est définitivement acquis qu'à partir du moment où l'un des adversaires manifeste l'intention de ne pas continuer plus longtemps la lutte. Trop fréquemment, cette résolution a été prise sans tenir un compte suffisant de l'état d'épuisement de l'ennemi qui s'est trouvé ainsi vainqueur au moment où il craignait d'être vaincu.

Celui qui engage le combat avec l'idée bien arrêtée de ne pas céder le premier est à moitié vainqueur.

Sait-on jamais ce qui peut arriver ? Une résistance prolongée de quelques instants peut amener du secours et changer la face des choses ; le dernier coup du dernier canon sera peut-être le coup mortel. Pénétrons donc nos hommes de ce principe qu'il faut tenir, tenir toujours, tenir quand même. De même qu'il suffit d'un nerveux (et non d'un lâche), pour faire tourner casaque à toute une compagnie,

de même il suffira d'un homme de sang-froid dans une tourelle ou autour d'un tube pour maintenir les autres à leur
poste. Dans les circonstances les plus graves, le respect
humain subsiste toujours, à condition qu'il y ait quelqu'un
pour le réveiller.

En dessous de l'inscription en lettres d'or qui orne le
fronton de nos passerelles : *Honneur et Patrie,* on devrait
écrire en lettres de bronze : *C'est le plus têtu qui gagne.*

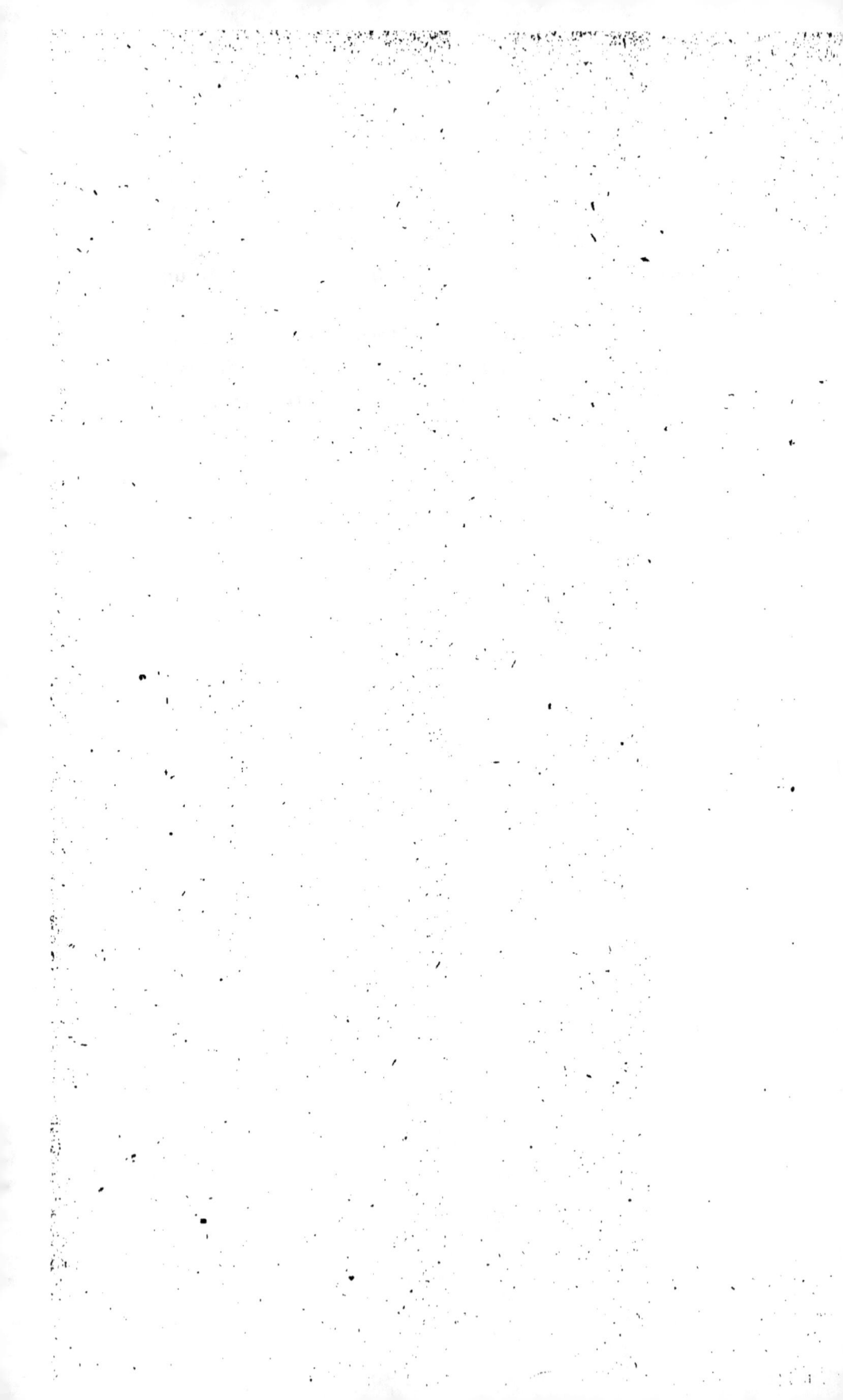

XVI

LES ÉLÉMENTS PHYSIQUES

La vitesse. — On entend dire couramment, comme un lieu commun, que la vitesse est une qualité stratégique, mais qu'en tactique elle ne compte pour rien. Cependant, elle pourra forcer à combattre un ennemi qui tenterait de se dérober; elle facilitera les déplacements de force, donnera de la vigueur à l'attaque; enfin, elle assurera la poursuite. Elle constitue donc un élément tactique.

On dit aussi que la vitesse est une arme. Si la vitesse est une arme, son développement compensera une infériorité d'armement; et le *Guichen* pourra se battre contre le *Deutschland* (1). C'est difficile à admettre (2).

La vitesse n'est pas une arme; mais, toutes choses égales d'ailleurs, elle facilite l'emploi des armes. On en profitera

_____

(1) Il est ici question de l'ancien *Deutschland*.

(2) Le *Guichen* : 8.277 tonnes; 2-164,7; 6-138,6; pas de ceinture cuirassée. Le *Deutschland* : 7.800 tonnes; 7-260; 6-150; 9-120; ceinture complète.

La vitesse pourrait, dans une certaine mesure, suppléer à une infériorité d'armement si elle permettait de tenir l'ennemi dans une position qui l'empêcherait d'utiliser tous ses moyens. Or, elle diminue notablement les qualités évolutives à cause des grandes longueurs qu'elle exige. En sorte qu'un bâtiment lent ne pourra peut-être pas placer son adversaire plus rapide dans une mauvaise position; mais il sera toujours sûr de lui présenter son secteur de feux le mieux garni, ce qui lui assure la supériorité.

donc, le cas échéant, au même titre qu'on profitera de l'avantage du soleil et de la mer; on ne peut substituer aux armes un élément qui n'est que leur auxiliaire. La vitesse, en effet, ne procure pas un bonheur sans mélange; elle pèse lourd et elle coûte cher.

Elle pèse lourd; donc elle diminue le nombre des armes ou leur puissance; elle affaiblit.

Elle coûte cher; donc elle entame nos ressources financières; elle réduit le nombre des unités.

La vitesse peut être l'élément principal des éclaireurs qui ne sont pas construits en vue du combat, ou des torpilleurs sur lesquels elle est intimement liée à l'utilisation de la torpille; mais sur les bâtiments de combat, elle doit rester subordonnée à la puissance destructive qui est la raison d'être du navire.

Certains écrivains ont fait appel à l'autorité de Suffren pour préconiser le développement de la vitesse à bord de nos vaisseaux. Ils ont négligé de dire que Suffren n'a jamais réclamé la suppression d'une batterie pour augmenter la surface de voilure; il demandait seulement qu'on doublât les bâtiments en cuivre, ce qui augmentait les qualités de marche sans porter atteinte à la puissance militaire (1). Aujourd'hui, un parallèle entre le *Suffren* et la *Jeanne-d'Arc*, tous les deux construits en vue du combat, montre ce que coûte la vitesse.

En recherchant la supériorité absolue de vitesse, nous ne ferons qu'ajouter à notre infériorité numérique une infériorité de puissance, et toutes les ressources de la stratégie ne parviendront pas à nous amener sur le champ de bataille avec

---

(1) Lire le rapport de Suffren. Le progrès réalisé au dix-huitième siècle par le doublage des vaisseaux est du même ordre que celui qui fut réalisé de nos jours, lorsque les consommations de charbon ont été abaissées de 2 kilos à 700 grammes. Mais il ne faut pas oublier que des bénéfices de ce genre ne sont pas monopolisés par une seule marine.

chances de succès. Il faudra fuir, courir les mers sans espoir. Quelle doctrine déprimante !

Il n'est même pas prudent de compter sur la vitesse pour s'échapper. Le combat de Santiago nous a montré l'instabilité de la vitesse. La machine d'un bâtiment rapide n'est pas un serviteur dévoué auquel on puisse se confier; c'est plutôt une maîtresse capricieuse dont les infidélités sont fréquentes. Celui qui sera dans la nécessité de lui abandonner les destinées du pavillon passera par toutes les transes de l'angoisse. Tout autre sera l'état d'esprit du commandant d'un bâtiment sur lequel les canons remplaceront la vitesse; il puisera la confiance dans le sentiment de sa force.

Si nous voulons profiter des avantages de la vitesse et avoir des navires rapides, il ne faut pas mettre des chevaux-vapeur à la place de l'artillerie. Il faut rechercher une solution qui ne coûte ni poids ni argent, en faisant appel au génie national pour perfectionner le rendement et améliorer le tracé de nos moteurs. En attendant, contentons-nous de la vitesse de nos rivaux, puisque nous savons qu'en stratégie une infériorité de vitesse peut avoir de graves conséquences, et préoccupons-nous surtout de l'endurance.

Utilisons la vitesse pour nous battre; ne nous battons pas pour utiliser la vitesse.

Quelle est la vitesse de combat?

En principe, il ne paraît pas y avoir intérêt à marcher toujours à grande vitesse; il semblerait plus logique de régler l'allure d'après les nécessités du moment, et de se présenter sur le champ de bataille à une allure moyenne.

Cependant, la pratique démontre que, dans les exercices à double action, la vitesse, d'abord modérée, est toujours augmentée progressivement jusqu'à l'allure maxima. Ce fait résulte de la préoccupation constante, soit de doubler la tête de l'ennemi, soit de ne pas être doublé par lui. Dans un cas comme dans l'autre, on est amené à donner tous ses moyens.

Il ne semble pas non plus qu'on soit jamais gêné par la vitesse et on éprouve rarement l'impérieux besoin de ralentir.

Les changements d'allure ayant toujours pour conséquence d'occasionner des à-coups dans la ligne, il vaut mieux se présenter au combat avec une formation bien tenue, et à l'allure maxima, plutôt que d'augmenter progressivement de vitesse.

Par vitesse maxima, on doit entendre la plus grande vitesse permettant à toutes les unités de tenir leur poste et de le rectifier au besoin. Pour une escadre de cuirassés du type *Patrie*, elle serait donc comprise entre 15 et 16 nœuds.

L'homogénéité. — On a vu qu'en stratégie l'homogénéité, qui donne à une réunion de bâtiments le maximum de rendement, se traduit par une vitesse et un rayon d'action uniformes. En tactique, nous retrouvons la vitesse, sur laquelle nous ne reviendrons pas, et nous ajouterons à l'homogénéité un nouvel élément qui est la similitude du cercle de giration (1).

De même que la vitesse d'une armée navale est celle du bâtiment le moins rapide, de même son cercle de giration est celui du bâtiment qui a le plus grand.

On comprend que, dans une marine comme la nôtre, les navires aient une vitesse et un armement en rapport avec l'époque de leur lancement; il est plus difficile de justifier des écarts immenses dans les qualités évolutives. Il n'est pas douteux cependant que celles-ci ne jouent un grand rôle pendant le combat. Il suffirait d'opposer une escadre à faible

---

(1) L'uniformité de l'armement ne constitue pas un avantage tactique. Il y a tout profit à avoir les canons les plus puissants, c'est-à-dire les plus modernes. Le bénéfice de l'homogénéité d'armement n'apparaît qu'après le combat, lorsqu'il s'agit de réparer et de réapprovisionner les navires.

cercle de giration à une autre moins bien douée pour se convaincre que la seconde ne pourra jamais s'opposer ou riposter aux entreprises de la première parce qu'elle arrivera toujours trop tard. Les qualités évolutives sont peut-être actuellement le meilleur moyen que l'on puisse posséder pour jouer de vilains tours à l'ennemi. Il est donc dangereux de mépriser la valeur de l'homogénéité, en accouplant ensemble des bâtiments dissemblables, qui enlèvent à la masse les qualités de chaque unité.

Les qualités nautiques.

— Tirer du canon et lancer des torpilles sans tenir compte (dans une limite raisonnable) de l'état de la mer; posséder une stabilité de plate-forme qui augmente la précision du tir : telles sont les deux qualités nautiques indispensables pour un navire de combat.

On ne se battra pas où l'on voudra, mais où on pourra. On ne choisira ni le temps, ni l'état de la mer; on les subira. Ces deux aphorismes ne sont pas des vérités absolues, la guerre n'en comporte pas; mais il est permis de dire qu'on augmente le champ des opérations quand on a la faculté d'aller chercher l'ennemi où il est et de s'affranchir des conditions de temps. Une tourelle trop basse aura ses soutes envahies par l'eau; un bâtiment qui roulera de 18° de chaque bord sera réduit à l'impuissance. Force est donc d'attribuer au roulis et à la disposition de l'artillerie une importance longtemps méconnue.

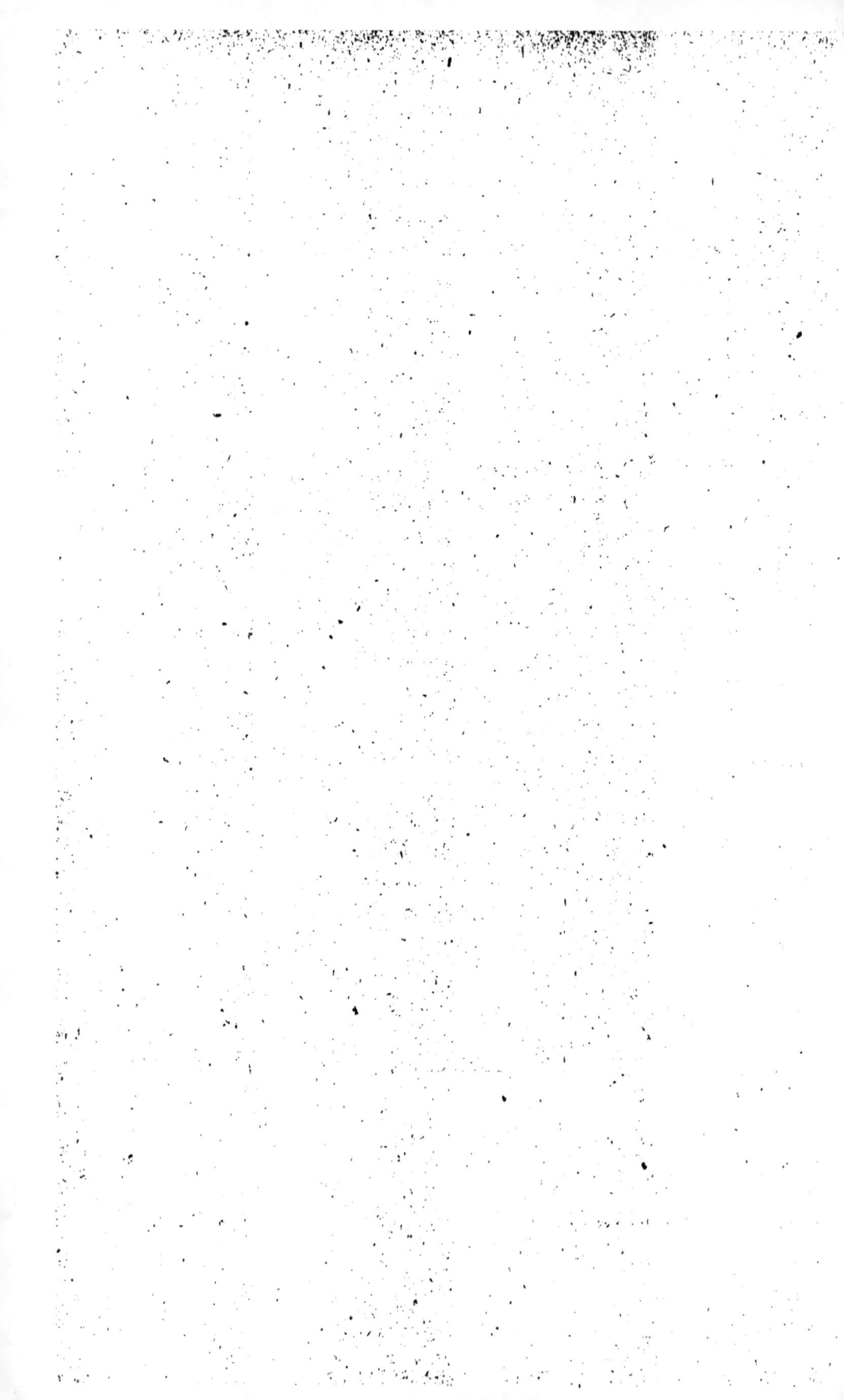

CONCLUSION

DU TOME II

———

Nous pouvons conclure en deux mots : assimiler les moyens au but. Savoir ce que l'on veut faire, en poursuivre la réalisation avec obstination.

La guerre navale soulève deux problèmes distincts. On peut chercher à démêler l'inconnu de l'avenir et, quand on est parvenu à se créer une doctrine, forger des armes pour la mettre en pratique ; ou bien on peut étudier la même question sous le jour opposé, et chercher la meilleure utilisation des armes que l'on possède. Ce dernier problème s'imposera au moment des hostilités ; ce jour-là, les regrets et les récriminations ne seront plus de circonstance ; on devra se contenter de ce que l'on a. Il n'en est pas moins vrai que des moyens mal appropriés aux conditions de la guerre compliqueront singulièrement les difficultés ; et, tant que dure la paix, nous avons le devoir de rechercher la façon dont on se battra pour réclamer les armes nécessaires. C'est la seule chance de salut d'une marine inférieure en nombre ; c'est le meilleur rendement des sacrifices d'argent consentis par la nation.

Or, nulle part nous ne trouvons de règles bien précises qui puissent nous servir de guide. La méthode adoptée généralement dans l'étude de la guerre navale contribue sans nul doute à un pareil état de choses. On s'acharne à prétendre que la guerre sur mer est une science, et, partant de ce principe, on la traite par les mathématiques, on la divise en une infinité de petits problèmes sans liens entre eux. Pour arriver à donner aux diverses opérations qu'on envisage une forme appropriée au moule qu'on leur impose, on entre dans le domaine de la convention, et on enlève ainsi à la guerre son véritable caractère. De plus, le procédé étant défectueux, il ne s'en dégage aucun enseignement. Malgré les dénégations de ceux qui veulent enfermer la guerre dans une équation, elle est, a été et restera un art, sur terre comme sur mer.

Quelle que soit la science nécessaire pour donner à l'artillerie ses qualités balistiques, on n'empêchera jamais que l'action de pointer, d'une plate-forme mobile, un canon sur un but en marche ne soit une manifestation artistique. Dans la conduite du tir, on sent le coup de main de l'officier canonnier, et l'habileté dont il fait preuve n'a rien de scientifique. On pourra accumuler à bord tous les produits de la science moderne sous les formes les plus variées, il n'en faudra pas moins pour conduire un bâtiment un commandant doué de ce sentiment artistique qu'on appelle le sens marin. Enfin, pour conduire une escadre au feu, le chef devra juger la situation d'un seul coup d'œil, déterminer le parti à en tirer et les chances qu'elle offre : tout cela est de l'art. Le côté scientifique de la guerre se manifeste dans l'outillage et la construction des navires qui, effectivement, exigent une dose de science de plus en plus grande; mais rien ne prouve que les qualités qui sont indispensables pour forger une arme soient les mêmes que celles que doit posséder celui qui la manie.

Beaucoup de gens prennent leur parti de l'absence de tout principe en disant qu'on doit laisser au commandement toute initiative et ne pas entraver sa liberté d'action. Tout le monde est d'accord sur ce point; mais il ne faut pas confondre une réglementation étroite avec l'application de règles générales. Les lois de la guerre ne sauraient être une gêne, car elles sont immuables et personne ne peut les transgresser impunément. Ce qui varie à l'infini, ce ne sont pas les lois, mais la façon de les appliquer qui dépend des circonstances. Les conceptions du commandement sur le champ de bataille ne sont qu'une application, appropriée à un cas particulier, de règles fixes. La tactique qui sert à les mettre en œuvre est commune à tous; elle exige une longue pratique et un maniement constant, il faut donc qu'elle soit préparée à l'avance. Or, sur quelle base peut-on édifier une tactique si on ne dispose pas de principes bien définis?

La diversité des opinions, conséquence de l'incertitude de nos doctrines, se révèle par un certain malaise qu'un fait brutal fait encore mieux ressortir : il n'y a pas de bâtiment neuf qui ne soit l'objet de multiples transformations. Il serait injuste d'en accuser les constructeurs. N'en trouvet-on pas l'explication dans le fait que nous ne pouvons pas définir exactement ce que nous voulons, ainsi que les conditions que doit remplir chaque organe d'un navire. Dès lors les constructeurs, livrés à leurs propres inspirations, adoptent la solution qui leur semble rationnelle sans en connaître les conséquences. Ils entrent ainsi indirectement dans le domaine des combattants en leur imposant leurs idées, tandis que le corps navigant, ne trouvant pas ce qu'il veut, tombe dans le ridicule en s'amusant à faire des plans de bâtiments. Voilà le secret de cette complication qui fait l'originalité peu enviable de notre flotte; voilà la raison de la délicatesse de nos mécanismes; voilà surtout l'origine de la multiplicité des types.

Nous ne prétendons pas qu'il n'y ait qu'en France que les choses ne vont pas comme elles doivent. Cependant une chose nous frappe : c'est que nous trouvons dans d'autres marines une méthode que nous cherchons vainement dans la nôtre. L'Angleterre et l'Allemagne, par exemple, ont poursuivi la réalisation de leur objectif particulier avec plus ou moins de succès, mais avec une ténacité à laquelle nous devons rendre hommage.

L'Angleterre, par ses intérêts multiples, vise à la domination des mers; elle a le nombre. La stratégie prend pour elle une importance plus grande que la tactique : la flotte anglaise est stratégique.

L'Allemagne, au contraire, attend d'avoir atteint son développement avant de prétendre à autre chose qu'à soutenir sur mer l'honneur du pavillon. Elle limite donc ses champs d'opérations dans une zone restreinte et développe la puissance de ses unités peu nombreuses : la flotte allemande est tactique.

Voilà deux lignes de conduite bien tracées; l'avenir dira si elles passent par le but.

Si nous cherchons maintenant à définir le caractère de notre flotte, nous voyons qu'il est nettement défensif, en ce sens que nous retrouvons partout la préoccupation de nous garer des coups de l'ennemi au lieu de chercher à lui en porter. Les uns veulent s'abriter derrière des cuirasses monumentales; les autres, se sauver comme des lièvres. Est-ce cela la guerre? Ne pourrions-nous pas trouver un meilleur emploi de nos ressources? Tels sont les problèmes qui s'imposent aux méditations des officiers avec une persistance presque douloureuse. Nous n'avons pas prétendu les résoudre; nous avons simplement discuté les moyens dont nous disposions en demandant au passé de nous guider. Sans doute, nous avons pu nous tromper. Qu'importe ! D'autres viendront qui, plus compétents et aussi plus autorisés, redresseront les erreurs et finiront par déterminer les vraies lois de la guerre.

ANNEXE

LA TACTIQUE DES TORPILLEURS

Les torpilleurs sont des bâtiments spéciaux dont la caractéristique est d'attaquer sans enlever à l'ennemi ses moyens de défense. Cette particularité influe sur leur tactique qui repose tout entière sur la surprise. L'obscurité et la vitesse en sont les principaux facteurs.

Théoriquement, l'attaque d'un torpilleur comprend trois phases successives : la prise de contact; la manœuvre qui a pour but de prendre position, enfin le lancement.

Tant qu'il fera nuit pour les torpilleurs comme pour les autres bâtiments, la vue des premiers ne s'étendra jamais bien loin et une circonstance heureuse pourra seule amener le contact. Aussi, dès qu'on doit rechercher l'ennemi dans une zone étendue, les insuccès sont fréquents. Pour déterminer une rencontre, il faut enfermer le champ des investigations dans des limites qui enlèvent aux exercices une partie de leur vraisemblance.

Admettons une circonstance heureuse : l'ennemi est aperçu sous la forme d'une masse noire. Le premier soin du torpilleur est de se rapprocher pour se rendre compte de la direction que suit son objectif; puis, cela fait, il prendra du champ sans cependant perdre le contact, pour se placer dans une position favorable au lancement.

Cette succession d'opérations est très simple à définir et très difficile à réaliser. En effet, la première condition à remplir est de ne pas se laisser découvrir afin de ne pas perdre le bénéfice de la surprise qui peut seule assurer la réussite de l'attaque. Or, dans quelles limites peut-on voir sans être vu (1)? Puis, pour prendre du champ, il faut manœuvrer à vue, or on ne voit pas; pour ne pas risquer de perdre le contact, on a une tendance à se rapprocher pendant toute la durée de la manœuvre, et l'on risque de révéler sa présence à un moment où l'on n'est pas en mesure d'attaquer. Ajoutez qu'on marche vite, qu'à peine on a entrevu l'ennemi qu'on est déjà dessus, qu'on ne peut tirer aucune déduction du rapport des vitesses puisque ce rapport est inconnu, et l'on aura une idée de la profondeur du fossé qui sépare la théorie de la pratique. Aussi, lorsque l'ennemi n'y met pas une certaine complaisance, cette seconde phase de l'attaque n'offre de chances de succès que si la prise de contact a lieu dans une position favorable au lancement.

Pour la seconde fois, admettons qu'il en soit ainsi : il reste à lancer la torpille.

L'appareil de visée qui a été construit en vue des lancements de jour (2) ne saurait être utilisé la nuit qu'à la condition de

---

(1) A-t-on cherché à déterminer la largeur de la zone neutre où un torpilleur voit sans être vu?

(2) Le principe de l'appareil de visée est juste; l'application qu'on en fait est fausse. Les données du problème sont : la vitesse du but, sa direction, la vitesse de la torpille. Connaissant deux côtés et l'angle compris, il est toujours possible de construire un triangle; mais, dans le cas qui nous occupe, on attribue une valeur arbitraire à deux des données sur trois; la précision du procédé est ainsi réduite à néant.

Puisque, quel que soit le système (et on peut en entrevoir d'autres) il y aura toujours des inconnues, celui-ci en vaudrait un autre s'il n'avait provoqué l'augmentation de la distance de lancement au détriment de la justesse du tir. En effet, en énumérant les trois éléments du triangle, on s'est aperçu que l'angle de tir est indépendant de la distance; et chacun s'est félicité d'avoir un procédé de lancement qui permet de lancer de très loin à mesure qu'augmente le rayon d'action des torpilles. Le plus content est l'ennemi qui a beaucoup moins fournir à l'avance aux torpilleurs les données qu'ils ne peuvent déterminer la nuit. Par quel moyen apprécier la vitesse et la direction d'une masse informe qu'on distingue à peine? Tout ce que l'on peut faire est de gouverner pour se rapprocher, sans chercher à apprécier une distance inappréciable, sans se préoccuper de la façon dont on élonge le but; puis de faire feu sur l'avant du but si on a pu se rendre compte du sens de sa marche. Mais il arrive un moment où le torpilleur est découvert et éclairé par un projecteur; dès lors il devient aveugle, il n'aperçoit plus qu'un faisceau lumineux qui l'éblouit... et il lance mal (1).

Les difficultés qu'on rencontre dans la réalisation des trois phases de l'attaque suffisent à expliquer le grand nombre d'insuccès auxquels donnent lieu les exercices. Ceux-ci se présentent

---

de chances d'être atteint à 800 mètres qu'à 400; car l'erreur que l'on commet sur la vitesse et la direction du but n'est pas étrangère à la distance, elle n'a pas de valeur fixe : elle croît très rapidement à mesure qu'on s'éloigne de l'objectif.

Avant de songer à augmenter la distance de lancement, il faut commencer d'abord par porter la vitesse de la torpille à un chiffre tel que l'erreur sur la vitesse et la direction du but soit négligeable. La torpille sera alors un projectile à vitesse initiale lente et à trajectoire horizontale. Jusque-là, il faut profiter de toutes les augmentations de vitesse sans modifier la distance de lancement. Ceci s'applique uniquement aux torpilles lancées par des torpilleurs; car, pour les grands bâtiments, le problème se pose dans des conditions différentes.

(1) Sur but en marche, le tube mobile paraît donc préférable au tube fixe; mais il est alors nécessaire de séparer les attributions pour simplifier le rôle de chacun, le capitaine dirigeant le bâtiment, l'officier en second ou le patron s'occupant du lancement de la torpille. Chacun aura ainsi des fonctions qui suffisent à absorber l'attention d'un homme, et ce serait compromettre le résultat que de les confier à une seule personne. Il ne plaît guère aux capitaines de torpilleurs d'abandonner le commandement de : Feu. C'est un privilège qui leur est cher. Là n'est pas la question : il faut avant tout couler l'ennemi et employer le meilleur moyen d'y parvenir. Or il résulte d'exercices méthodiques entrepris, il y a quelques années, dans l'escadre de la Méditerranée, que les officiers qui veulent à la fois gouverner et veiller le moment de faire feu égarent plus de torpilles que ceux qui préfèrent faire moins mais faire mieux.

cependant sous un jour plus favorable qu'en temps de guerre
à cause des précautions que l'on est obligé de prendre pour éviter
les accidents qui surviennent dès qu'on s'en écarte. En tous cas,
il est certain que la manœuvre du torpilleur, telle qu'elle est
définie dans certains cours, est purement conventionnelle. Tant
que ce genre de bâtiment devra compter sur la complicité des
ténèbres, il se condamnera lui-même à ne pas voir, et, dès lors,
on ne saurait exiger de lui des manœuvres qui, par leur précision
rigoureuse, nécessitent des données mathématiques.

Sans doute, le rendement du torpilleur sera toujours faible ;
mais on aurait tort de s'en étonner, car il n'est pas moins favo-
risé sous ce rapport que les autres armes. A-t-on oublié qu'à
Santiago, le rendement du canon a été inférieur à 3 % ? L'on
s'irrite à la pensée que la majorité des torpilleurs arrivent à
portée de l'ennemi sans l'atteindre ; on se figure toujours que
les armes nouvelles ont une infaillibilité que n'avaient pas les
anciennes parce que nous n'avons pas, pour les premières, les
mêmes éléments d'appréciation que pour les autres. Malheureusement jusqu'ici, les avantages des armes ont toujours été com-
pensés par les inconvénients qu'ils faisaient naître, et en temps
de paix, on ne s'attache naturellement qu'aux avantages.

La meilleure façon d'augmenter la valeur des torpilleurs est
de les faire agir en masse. Les effets d'une charge groupée ne
sont pas seulement multipliés par le nombre des unités : chaque
torpilleur prête un appui aux autres en contribuant à multiplier
les objecti s et en détournant sur lui une partie du feu de l'ennemi. Le pointeur d'un canon à tir rapide qui tiendra un torpilleur au bout de sa ligne de mire, ne le lâchera plus ; il continuera à tirer sur lui avec rage tant qu'un morceau de coque flottera et, pendant ce temps, il ne s'occupera pas des autres. Lorsqu'un torpilleur est découvert et lance sa torpille, il concentre
sur lui l'attention de tout le bâtiment ; l'armement des pièces qui
ne peuvent tirer ne saurait se désintéresser d'un événement d'où
dépend le sort du navire ; instinctivement tout le monde veut
voir (1). C'est alors que les torpilleurs du groupe qui n'auront

---

(1) L'impression que cause l'apparition subite d'un torpilleur est

pas été aperçus tireront parti de cette situation; ils déboîteront pour éviter de se placer dans le faisceau des projecteurs et s'éloigneront des torpilleurs éclairés; ils chercheront même, si les circonstances s'y prêtent, à attaquer du bord opposé en se guidant sur les foyers lumineux des projecteurs pour déterminer la position de l'ennemi.

Dans une attaque groupée, la manœuvre de chaque torpilleur ne peut donc être précisée à l'avance. Elle dépend des circonstances, de la façon dont sont dirigés les projecteurs, du nombre et de la position des torpilleurs éclairés, de la manœuvre de l'ennemi. Elle diffère radicalement de ces attaques méthodiques et géométriques qui, sous le nom d'attaques simulées, semblent incarner la tactique des torpilleurs, et dont la progression se termine par l'apothéose finale de l'attaque en éventail (1).

Dans l'attaque en masse, les torpilleurs de tête sont sacrifiés. C'est un assaut et les premiers qui montent sur la brèche ont peu de chances de revenir indemnes. Si on lance les torpilleurs isolément sur l'ennemi, chacun d'eux courra autant de risques que le premier torpilleur d'un groupe.

*
* *

La guerre russo-japonaise a donné la mesure de ce que l'on pouvait attendre des torpilleurs. La bravoure des marins étant en dehors de toute question, c'est à l'arme elle-même qu'il faut s'en prendre des faibles résultats obtenus; et l'on est obligé

---

telle qu'on a vu, en temps de paix, alors qu'il n'y avait aucun danger réel, des pièces partir au cri d'alerte des hommes de veille, du bord opposé à celui de l'attaque.

(1) Les exercices, aussi bien ceux des torpilleurs que des autres bâtiments, reposeront sur des fictions chaque fois qu'on voudra déterminer à l'avance avec précision la ligne de conduite que chacun devra tenir, et qu'on refusera d'admettre que, sur le terrain, il faut surtout s'inspirer de la situation et manœuvrer d'après des principes larges plutôt que d'après des règles étroites.

d'avouer que le rendement a été bien inférieur à ce que l'on avait escompté. Cependant les torpilleurs furent constamment sur la brèche; ils eurent mille occasions de se manifester. Il fallut la bataille de Tsushima pour les réhabiliter; mais on ne doit pas perdre de vue que leur action fut favorisée par le combat d'artillerie qui avait précédé l'attaque nocturne et avait enlevé aux débris de l'escadre russe une partie de ses moyens de défense.

Nous n'en tirerons aucune conclusion défavorable aux torpilleurs. Nous dirons seulement qu'on a tort de considérer que leur action doit être indépendante de celle des cuirassés. Les deux actions, pour ne pas être forcément simultanées, gagneraient au contraire à être conduites en liaison, l'attaque des torpilleurs étant préparée par l'artillerie des vaisseaux au même titre que, sur terre, l'infanterie est secondée par les batteries.

Le soutien que les cuirassés sont à même de fournir aux torpilleurs est assez efficace pour ne pas répudier *a priori* les attaques de jour. Dans cette éventualité, il serait possible de placer les torpilleurs, par groupes, sur l'avant et l'arrière des cuirassés, du côté opposé à l'ennemi et hors de portée de son artillerie. Le groupe de l'avant serait ainsi en bonne position pour attaquer lorsque le ralentissement du feu le permettrait; le groupe de l'arrière se jetterait sur les bâtiments désemparés qui seraient obligés de se laisser culer.

Enfin, il y a une troisième éventualité qu'on doit envisager. Il existe à la guerre des circonstances où il ne faut pas hésiter à immoler une partie de ses forces pour sauver l'autre. Dans ce cas, il n'y a plus à tenir compte de conditions plus ou moins favorables; il faut avant tout courir au plus pressé. Si un amiral croit qu'en sacrifiant ses torpilleurs dès le début de l'action, par exemple pour arrêter un bâtiment de tête, il assurera le gain de la journée ou rétablira une situation compromise, il ne doit pas se laisser arrêter par des considérations sentimentales. Malheureusement, le succès seul peut justifier les holocaustes; car si on échoue, on manque de bonnes raisons pour expliquer sa conduite. L'opinion publique s'indigne facilement contre une manœuvre manquée qu'elle eût trouvée géniale si elle avait réussi. C'est pourquoi on hésite souvent à employer les grands moyens.

*
* *

En terminant, nous rappellerons que, lorsque des torpilleurs ont un objectif dont la présence est connue dans une zone déterminée, ils doivent toujours le prendre à revers, ce qui signifie qu'ils dirigent leur attaque du côté où elle est la moins probable. En réalité, tous les secteurs de l'horizon sont également dangereux lorsqu'il n'existe pas d'obstacles matériels pour arrêter les torpilleurs; cependant une escadre qui bloque un port renfermant des torpilleurs, veillera plus attentivement du côté de terre que du côté du large; ce serait l'inverse pour un bâtiment au mouillage. On est amené fatalement à se précautionner davantage dans la direction qui est rationnelle, tout en sachant que l'ennemi a intérêt à ne pas la prendre. On se donne ainsi la satisfaction d'avoir fait tout ce qu'il était possible lorsqu'on ne possède pas les moyens de faire face à tous les dangers. Le pis qui puisse arriver à des torpilleurs attaquant à revers est de trouver l'ennemi également gardé dans toutes les directions.

Les Japonais nous en ont fourni la preuve lorsque leur escadre a escorté le convoi qui devait opérer contre Wei-haï-Wei. En prévision d'une attaque possible des torpilleurs chinois venant de ce port, l'amiral Ito plaça ses bâtiments de combat sur le flanc des transports et du côté de Wei-haï-Wei. Évidemment, il n'y avait pas lieu, en cette circonstance, de prêter aux Chinois de profonds desseins; cependant l'attaque eût pu se produire du côté opposé ou par l'avant, sans préméditation, par suite de l'incertitude qui règne toujours sur le point de rencontre.

En cas de blocus, les torpilleurs ne doivent pas stationner dans le port bloqué; car leurs opérations se compliqueraient d'un passage de vive force à travers les destroyers ennemis. Ils doivent partir d'un point excentrique, et même si leur retraite est connue, leur situation est meilleure parce qu'ils forcent l'ennemi à surveiller deux points au lieu d'un.

Théoriquement, l'heure la plus propice pour une attaque est la fin de la nuit; peu à peu l'attention se relâche et les hommes de veille finissent par se persuader que ce ne sera pas encore pour cette fois-là. Pratiquement, toutes les heures se valent : comme il n'est jamais facile de rencontrer l'ennemi, il faudra se donner le temps de le chercher et l'attaquer dès qu'on l'aura trouvé, pour ne pas risquer de le perdre.

Nancy, imprimerie Berger-Levrault et Cⁱᵉ

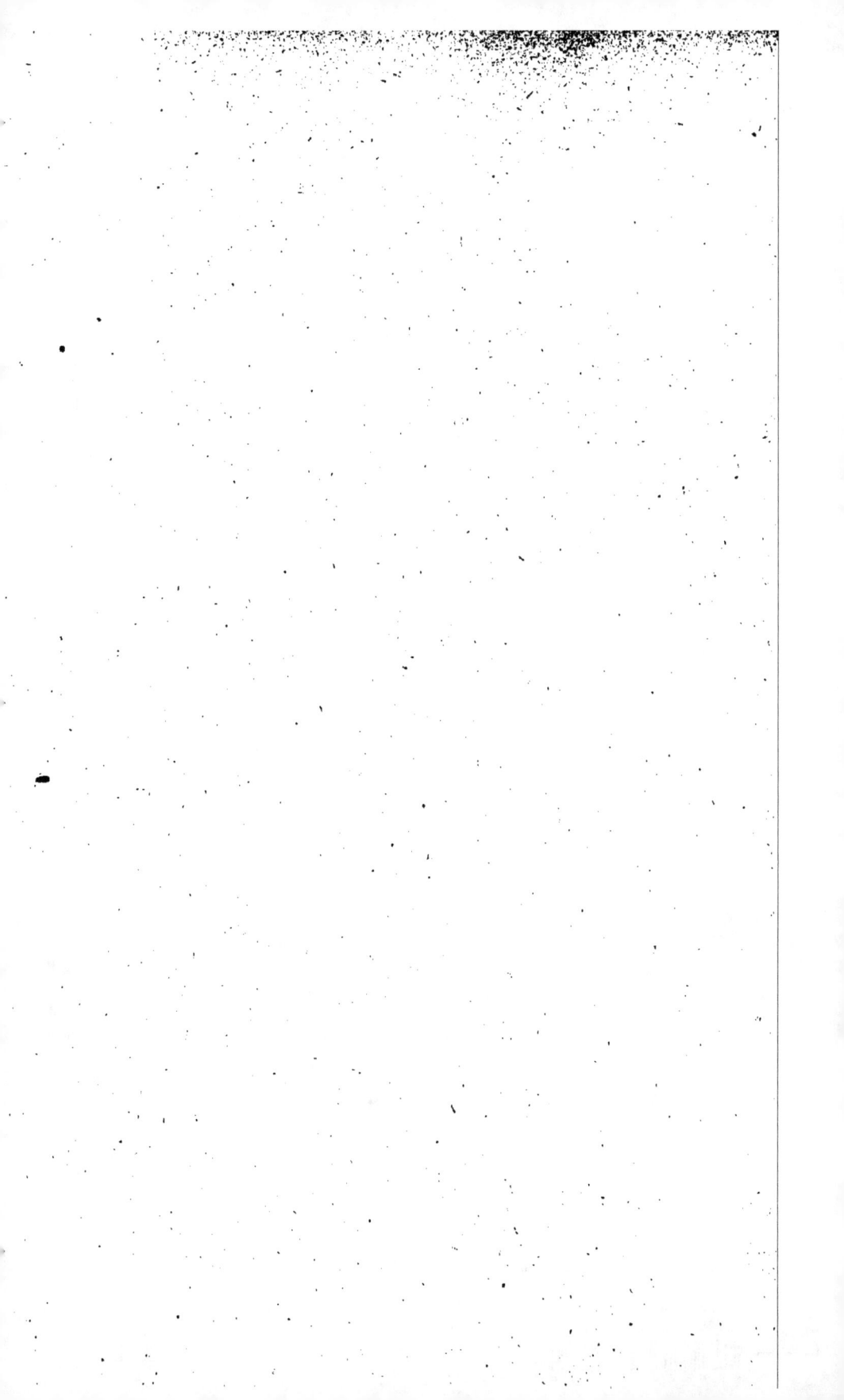

www.ingramcontent.com/pod-product-compliance
Lightning Source LLC
Chambersburg PA
CBHW070801290326
41931CB00011BA/2096